항공물류와 드론물류의 서비스

장윤석 · 이재진 저

도설 범한

   최근 들어 고부가가치 제품에 대한 수요증대, 신속한 화물운송에 대한 고객의 요구증대로 전 세계적으로 항공화물운송의 중요성이 강조되고 있다. 이와 같은 추세로 인해, 각국의 항공화물터미널의 물동량 처리능력은 포화상태에 이르고 있어 항공화물운송 처리개선을 위한 기술개발 및 적용에 큰 관심을 가지고 있다. 특히, 중국, 홍콩, 싱가폴 등 세계적인 항공화물터미널을 보유하고 있는 국가는 물동량 증가로 인해 항공화물터미널을 증축하고 있는 추세이다. 우리나라의 경우도 2000년 이후 동북아의 물류중심지라는 슬로건을 내걸고, 인천공항을 아시아의 허브로 만들기 위해 국가적인 투자를 하고 있다. 하지만, 인천국제공항은 스카이 트렉스 (www.airlinequality.com) 의 조사에 따르면 세계 최상위 순위임에도 불구하고 같은 순위인 홍콩, 싱가폴 공항과 비교해 현업 종사자 들을 대상으로 한 항공화물 서비스 순위는 그에 못 미치고 있다. 항공화물 터미널의 주요 업무는 항공화물 이 반입되어 항공기에 기적 후 약속된 시간에 운송될 수 있도록 지원하는 것이다. 이를 위해서는 항공화물을 지속적으로 모니터링(monitoring)하고 현재 화물의 상태에 대한 관리가 필요하다. 하지만 국내 및 국외의 많은 공항 화물 터미널의 경우 항공화물에 대한 정보를 작업자로부터 전달받고 있다. 따라서 작업자의 교육수준에 따라 정보의 획득 속도가 달라지고 필수 정보가 작업자의 실수로 전달되지 않는 문제점들이 발생하고 있다.

최근 들어 4차산업혁명이 화두가 되고 있다. 4차산업혁명은 정보통신 기술(ICT)의 융합으로 이루어낸 혁명 시대를 말하며, 4차산업혁명의 핵심은 인공지능, 로봇공학, 빅 데이터 분석, 사물인터넷, 무인 운송 수단(무인 항공기), 3차원 인쇄, 나노 기술로 분류된다. 전 세계적으로 제4차 산업혁명이 급격하게 확산되고 있고 항공사와 공항이 이러한 변화에 대한 경쟁력 확보 차원에서 투자를 하고 있다. 따라서 항공화물 분야에서 세계적인 경쟁력을 확보하기 위해서는 우리나라가 기술적으로 강점을 가지고 있는 IT 기술 및 이동 통신 기술을 바탕으로 한 자동화 관리 기술의 도입이 시급하다.

하지만 이와 같은 기술은 높은 도입비용으로 인한 도입 분야에 대한 면밀한 검토가 필요하며, 성공적인 도입과 응용을 위해서는 정밀한 프로세스 분석과 적용프로세스 개발이 중요하다. 본 연구에서는 항공화물터미널 내의 운영의 비효율성을 개선시키기 위하여 IT기술 도입을 고려한 프로세스를 소개하고 관련시스템의 적용방안을 소개하였다.

본 교재는 학부 및 대학원 과정 학생들을 위한 교재로 개발되었다. 본교재의 사용대상을 고려해 항공화물에서 사용되는 용어는 영어가 많아 무리한 번역을 하지 않았다.

장윤석 · 이재진

1.1. 항공물류의 정의

항공물류란 공항을 경유하는 재화가 항공물류의 이해 관계자들을 통하여 수출입하는 경영활동으로 항공화물에 물류서비스의 개념을 더한 것이다. 다음은 다양한 항공물류의 정의를 나타낸다.

- 항공물류는 항공기를 통해 입출고되는 화물에 대하여 공급자로부터 소비자에 이르기까지의 물리적인 프로세스를 말한다.[1]

- 항공화물운송장(AWB: Air Waybill)의 발행과 더불어 항공기에 의해 수송되는 모든 물품을 신속·정확·안전·편리하게 수배송 하는 것을 의미한다.[2]

- 항공물류는 항공화물 서비스 개념과 물류 서비스 개념이 결합된 것으로서 "항공화물운송을 이용한 물류서비스"라 할 수 있고 항공화물서비스의 개념은 다시 포워더의 운송주선서비스와 항공사의 항공화물운송서비스로 구분되며, 물류서비스란 물품의 유통과정에 개입되는 여러 가지 활동을 의미한다.[3]

- 전통적인 산업인 항공화물 운송 산업을 필두로 이해관계 그룹의 다양한 업종이 서로 혼합되면서 공항을 경유하는 재화에 대하여 공급자로부터 소비자에 이르기까지 시간적, 공간적 간격을 효과적으로 극복하기 위한 물류활동을 말한다.[4]

---

1) 정태원, 박영태, 김근섭, "항공물류정보 통합 데이터베이스 구축에 관한 연구", 국제상학, 제20권, 제2호, 2005년6월.
2) 송계의, "EDI 활용과 항공물류의 경쟁력 강화", 무역학회지, 제23권, 2호, 1998.
3) 정재락, "항공물류개념의 현상론적 접근과 항공물류시스템 연구", 한국항공경영학회지, 제3권, 제1호, 2005년 12월.
4) 형대진 외 4인, "RFID를 적용한 항공물류 SCM 시스템의 설계 및 구현", 정보기술연구소 논문지, 제3권, 제1호, 2005.

항공기를 통한 화물 운송은 기존의 신속하고 빠른 운송수단이라는 인식을 바탕으로, 주요 운송수단으로 자리 잡고 있다. ACI(Airport Council International)에 따르면, 다음 그림과 같이 세계 항공화물의 물동량은 2005년, 75,290천만 톤에서, 2025년에는 약 284% 증가한 214,100천 만 톤으로 증가할 것으로 예상된다. 세계적 추세와 더불어, 국내 항공화물량 또한, 2002년 이래로 꾸준히 증가해 왔으며, 추후 지속적인 화물수요가 증가할 것으로 기대된다.

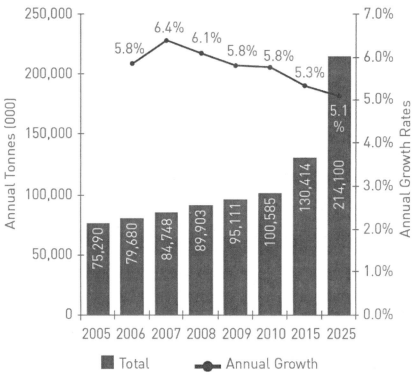

<그림 I> 세계항공화물 물동량 추이

1.2. 항공물류의 이해관계자의 정의

항공물류 이해관계자들은 항공물류에 있어서 한 가지 이상의 역할을 맡고 있는 관계자를 의미하고, 현재 자신의 운영 주체에 합목적적인 정보화 시스템 구축을 하고 있다. 다음은 항공물류의 이해관계자를 나타낸다.

- 화주 : 선적의뢰인, 송화인, 수화인, 본 선화증권 소지인, 물품수령인 및 소유자를 말하고[5] 신용장, 기적예약, 수출승인, 수출검사, 세관신고, 국내 수송에 관한 업무를 처리함[6]

- 포워더 : 화주로부터 일체의 업무를 일임 받아 화물의 수송/반입정보, 기적통지 등을 처리한다. 최근에는 포워더의 개념이나 역할에 복합운송업자, 상업서류송달업자, 항공화물혼재업자(콘솔사) 모두를 포함하기도 함

- 콘솔사(consol) : 비슷한 시기에 동일한 방향의 목적지로 운송되는 다수의 소규모화물들을 집하하여 대형화한 후 항공사로부터 높은 중량 단계의 낮은 요율을 적용받아 이익을 취하는 사업자임[7]

- 항공사 : 항공스케줄 정보, 차량운송 정보, 화물 정보, 반입반출 정보, 기적정보, 항공기 이륙정보, 적하목록 등의 정보를 처리함

- 운송사 : 화주에게서 받은 화물을 운송수단을 통하여 콘솔사(또는 포워더)에게 전달한다. 보세구역에서의 화물을 운송하는 운송사의 경우 보세 운송사라 칭함

- 화물터미널 : 수출입 항공화물을 효과적으로 처리하기 위한 시설로서 수출항공화물의 반입, 보관, 포장, 통관, 적재(ULD화)와, 수입항공화물의 분류, 보관, 포장, 통관, 운송 등의 일련의 조업 공정을 집중화하여 처리할 수 있도록 기계화된 설비 및 장비, 인력 등을 제공하는 일종의 보세구역을 의미함[8]

---

5) 오원석, 「국제운송론(제3개정판)」, 서울: 박영사, 2004.
6) 정태원, 박영태, 김근섭, "항공물류정보 통합 데이터베이스 구축에 관한 연구", 국제상학, 제20권, 제2호, 2005년6월.
7) 이기회, "국내 항공화물 포워더의 특성과 제문제에 관한 고찰", 사회과학연구, 제17집, 2003.
8) 정재락, "항공, "앞에 글"물류개념의 현상론적 접근과 항공물류시스템 연구", 한국항공경영학회지, 제3권, 제1호, 2005년12월.

- 관세사 : 관세사란 무역 및 통관관련분야에 전문지식을 가진 자에게 국가가 시험 등을 거쳐 관세사자격을 부여하며, 관세사는 화주로부터 위탁을 받아 수출입업체를 대리함[9]

- 세관(관세청) : 수출물품선적, 적하목록, 기적 허가, 보세운송, 관세환급, 입출항신고, 승무원명부, 기내용품, 위험물관리 등의 업무를 EDI(Electronic Data Interchange)로 처리함[10]

1.3. 항공화물 운송자원의 종류

1.3.1. 탑재용기(ULD : Unit Load Device)

종래의 벌크화물을, 항공기의 탑재에 적합하도록 설계한 일종의 화물 운송 수송 용기로, 일반적으로 단위 탑재용기인 컨테이너나 팔레트를 의미한다. 현재 IATA(International Air Transport Association : 국제 항공 운송협회)가 인정하는 것과 항공회사에서 소유하고 있는 두 가지 종류가 있으며 특히 IATA가 화물칸에 맞도록 만들어 낸 것을 Aircraft ULD라고 하며 컨테이너, 팔레트는 대부분 여기에 속한다.

[표 1] ULD 사용 장단점

장 점	단 점
- 지상조업시간 단축에 따른 항공기 가동율 제고 - 악천후, 도난, 파손 등으로부터 화물 보호 - 대형 및 특수화물 수송 가능 - 신속한 화물 작업 가능	- 고가의 투자 장비 - ULD 자체 중량으로 인한 항공기 화물 탑재량 제한 - 사용 후 회수상의 문제 - 불완전한 기종간 호환성

---

9) 한국관세사회, http://www.kcba.or.kr/
10) 정태원, 박영태, 김근섭, "항공물류정보 통합 데이터베이스 구축에 관한 연구", 국제상학, 제20권, 제2호, 2005년6월.

(1) 컨테이너 (Container)

항공기의 화물칸에 탑재하기 용이하게 규격화하여 특별히 제작된 것으로 표 2와
같은 다양한 종류의 Container가 존재한다.

[표 2] 컨테이너 (Container)

ULD 종류 (IATA Code)	최대적재중량 (자체 중량)	치수 (Inch)	용도	항공기 타입
LD3 Garment Container 	1,587 kg (91kg)	60.4 x 61.5 x 64	일반 화물	B747, B767, B777, A380, A330
RF3　　　　Refrigerated Container 	1,587 kg (250 kg)	60.4 x 61.5 x 64	부패성화물냉 동화물	상동
LD9　　　　Refrigerated Container 	6,033 kg (431 kg)	88 x 125 x 64	부패성화물 냉동화물	상동

(2) 팔레트(Pallet)

금속 평판 위에 화물을 적재 후 비닐과 네트로 화물을 덮어 고정시켜 항공기에
탑재된다.

[표 3] ULD 팔레트 (Pallet)

ULD 타입 (IATA Code)	최대적재량 (자체중량)	치수 (Inch)	용도	항공기 타입
88 Inch Pallet	6,804Kg (93Kg)	125 × 88	General Cargo	B747, B767
96 Inch Pallet	6,804Kg (104Kg)	125 × 96	General Cargo	B747, B767
20FT Pallet	25,000Kg (506Kg)	238.5 × 96	General Cargo	B747, B747콤비 (M/D)

1.3.2. 지상조업장비

지상조업이란 항공기가 착륙하는 순간부터 이륙할 때 까지 지상에서 이루어지는 모든 조업을 의미하며 지상조업에 사용되는 모든 장비를 지상조업장비라 하며, 지상조업장비 중 항공화물 처리에 이용되는 장비는 다음과 같다.

(1) 지게차

스키드(Skid) 단위의 화물을 운반할 때 주로 사용되며 연료에 따라 디젤형, LPG형, 전동형으로 구분됨. 종류에 따른 용량, 크기, 최대 속도는 [표 4]와 같다.

[표 4] 지게차 분류

종류	용량(무게)	사용 가능 크기(inch)	화물견인 속도	비고
디젤형 지게차	2000 kg	2550mm x 1180mm	19.8km/h	
LPG 형 지게차	2000 kg	2550mm x 1110mm	17.0km/h	
전동형 지게차	2000 kg	2278 mm x 1195 mm	18km/h	

자료 : http://www.waspinc.com/gse/index.html
http://www.cargoequipment.com/product.htm

(2) 터그카(Tug-car)

ULD에 빌드업(Build-up)이 완료 되어 달리(Dolly)에 실은 화물을 화물터미널과 항공기 또는 Ramp 지역을 운반 할 때 사용되며 용량, 크기, 최대 속도는 다음과 같다.

[표 5] 터그카

종류	용량(무게)	사용 가능 크기(인치)	화물견인 속도	비고
터그카	1500 kg	2200mm x 1180mm	19.8km/h	

(3) AS/RS(Automatic Storage and Retrieval System) 및 ETV(Elevator Transfer Vehicle)

AS/RS와 ETV는 SRM(Strorage and retrieval machine), 저장랙, ULD(Roll-box, Pallet, Container 등), 입출력 포인트, 컨베이어, 운영 시스템 등의 다양한 구성요소들을 포함하고 있으며, 하나의 AS/RS는 저장, 불출, 재고관리, 피킹, ULD 자동수집 등의 다양한 기능들이 자동적으로 수행가능하다. 비 자동화된 저장시스템에 비해 AS/RS는 노동비용의 절감, 공간 활용의 극대화, 작업상의 오류 감소를 통한 신뢰성 확보 등의 장점을 가진다. 이러한 장점으로 인해 국내외의 선진 항공사는 화물터미널에서 AS/RS 와 ETV 사용을 서두르는 추세이다.

<그림 2> AS/RS (Automated Storage and Retrieval System)

ETV(Elevating Transfer Vehicle)는 사전적으로 일정한 형태의 화물을 수평과 수직 방향으로 동시에 이동시킬 수 있는 장비를 의미하지만, 오늘날에는 저장랙과 화물을 싣고 내릴 수 있는 장비를 포함하여, 화물을 저장하고 불출하는 기능을 갖춘 하나의 AS/RS 시스템으로 분류된다. ETV는 주로 화물의 크기가 비교적 큰 대형화물을 다루며, 소형의 화물은 주로 SRM을 사용한다.

<그림 3> ETV(Elevating Transfer Vehicle)와 저장렉

항공화물엔 다리(Bridge)등 다양한 화물운송자원이 존재한다.

1.3.3 화물기의 구조

항공기는 크게 승객수송을 위주로 하는 여객기와 화물수송을 위주로 하는 화물기로 크게 구분 한다. 여객기의 경우 승객이 탑승하는 공간과 화물이 탑재되는 공간으로 구분이 된다. 여객기의 경우 하단부 탑재공간(Lower Deck Compartment)에 ULD 탑재 가능 여부에 따라서 Narrow Body 항공기와 Wide Body 항공기로 구분이 된다. Narrow Body항공기(좁은 통로를 가진 복도가 1개인 항공기)의 경우에는 ULD 탑재가 불가능하여 Bulk 형태로만 탑재가 가능한 소형 항공기가 해당이 된다. Wide Body 항공기(복도가 2개 이상인 항공기)는 ULD 탑재가 가능한 중/대형 항공기가 해당 한다[표 6].

[표 6] 항공기별 ULD 탑재 여부

구분	ULD 탑재 여부	운항범위	대표 항공기
Narrow Body	불가	단거리용	B737,MD82 등
Wide Body	가능	중장거리용	B747,B777,A380,A330 등

(1) 화물기 탑재 Door

화물기 경우에는 항공기 하단부 화물탑재 공간(Lower Deck Compartment)와 상단부 화물 탑재공간(Main Deck Compartment)로 구분된다. Boeing 747-400 화물기(B747-400F)의 경우 화물 탑재할 수 있는 Door는 5개가 있다. 즉, 항공기 앞부분의 Nose Cargo Door, 옆 부분의 Side Cargo Door, Lower Deck의 Forward Cargo Door, After Cargo Door, Bulk Cargo Door 이다〈그림4〉.

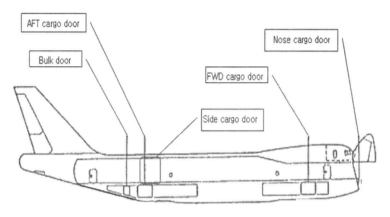

<그림 4> B747-400F 탑재 Door 위치[11]

B747-200F,400F,800F는 Nose Cargo Door가 있어 비정형화물, 중량화물을 쉽게 탑재할 수 있다. Nose Door는 항공기의 앞쪽에서 Door가 위로 열리는 방식이다 〈그림 5〉.

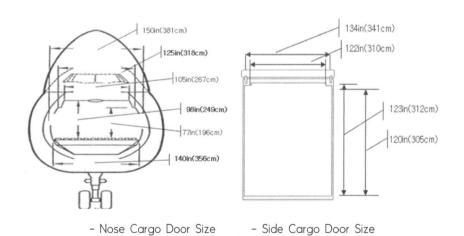

- Nose Cargo Door Size   - Side Cargo Door Size

11) Boeing 747-400F Weight and Balance Control and Loading Manual, 2005년, pp.43

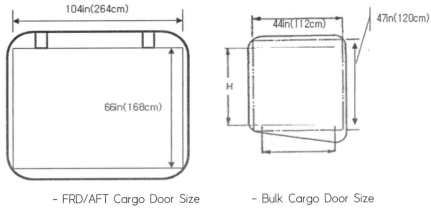

- FRD/AFT Cargo Door Size   - Bulk Cargo Door Size

<그림 5> B747-400F 항공기 Door[12]

항공기 Door는 화물을 운송하는데 있어서 중요한 역할을 한다. 실제 업무에서는 화물의 크기 정보(가로×세로×높이)를 수치로 얻게 되는데, 이렇게 얻어진 정보로 화물의 탑재 여부를 확인하기는 어렵다. 항공기 제작사에서는 이러한 불편을 해소하고자 각 Door 마다 탑재 가능여부를 표로 구성하여 제공하고 있다[표 7]. 예를 들어 [표 7]에서 높이가 108인치이고, 폭이 110인치인 화물은 길이가 212인치 미만일 때 Side Cargo Door로 탑재가 가능하다.

---

12) Boeing 747-400F Weight and Balance Control and Loading Manual, 2005년, pp.156(Nose door)/pp.158(Side Door)/pp.143(FRD/AFT door)/pp.150(Bulk),

[표 7] B747-400ERF Side Cargo Door Allowable Package Size[13)]

HEIGHT IN.	WIDTH IN.													
	10	20	30	40	50	60	70	80	90	100	110	120	130	134
	LENGTH IN.													
120	470	412	367	331	302	280	259	239	219	198	179	161		
118	470	412	367	331	302	280	259	239	219	198	179	161	144	137
116	495	434	386	346	314	290	268	248	228	208	188	169	151	145
114	536	458	404	361	326	299	277	256	237	217	196	177	158	153
112	546	474	417	370	334	306	282	261	242	222	202	182	163	157
110	573	492	429	380	342	312	287	266	246	226	207	187	168	161
108	600	509	441	391	350	318	293	271	251	231	212	192	173	165
106	600	525	455	399	356	326	297	275	254	234	215	196	176	170
104	600	543	468	409	363	333	303	279	258	239	219	199	181	175
102	600	561	481	418	373	338	309	284	263	243	224	204	185	180
100	600	574	492	428	378	346	313	288	267	246	227	207	188	183
98	600	586	505	438	386	353	318	292	270	250	230	210	192	186
0-96	600	600	517	447	395	355	323	297	275	254	232	213	196	192

MAIN DECK COMPARTMENT ALLOWABLE PACKAGE SIZES - SIDE CARGO DOOR

최근 A항공사에 도입된 B747-8F는 기존 B747-400ERF보다 항공기 길이는 5.6M 길어져 탑재 화물의 무게가 증가되었다. B747-8F 도입은 효율성 높은 항공기를 운영하여 원가를 절감하고, 운송능력을 향상을 위한 수익 창출의 의미가 있다.

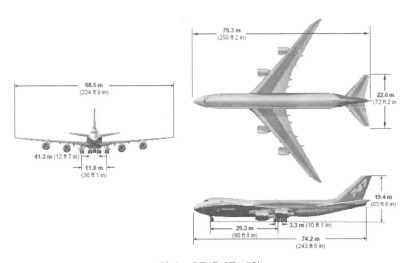

<그림 6> B747-8F 제원

---

13) Boeing 747-400ERF Weight and Balance Control and Loading Manual, 2006년, pp.148

B747-400ERF와 B747-8F의 최대 이륙중량 (Maximum Take-Off Weight)[14]는 B747-400ERF는 910,000lb(약412톤)이며, B747-8F는 975,000lb(약442톤)으로 B747-8F의 탑재능력이 높다[표 8].

[표 8] B747-400ERF 와 B747-8F의 적재비교

	B747-400ERF	B747-8F
Maximum Taxi Weight[15]	913,000lbs	978,000lbs
Maximum Take Off Weight	910,000lbs	975,000lbs
Maximum Zero Fuel Weight[16]	611,000lbs	725,000lbs
Maximum Landing Weight[17]	653,000lbs	716,000lbs

B777F는 중단거리 화물 운송을 위하여 도입되었다. B747-400F 항공기와 비교하여 크기와 탑재 능력에 차이를 보인다. B747-400F의 화물 탑재 능력은 100톤인데 반해 B777F의 화물탑재 능력은 90톤으로 10톤의 차이가 난다. 그러나 B777F는 연료효율성이 높아 운항비용이 B747-400F와 비교하여 10% 낮다.

---

14) Maximum Take Off Weight: 항공기 이륙을 위한 활주 개시시점에 허용되는 최대 중량으로 항공기 강도나 감항요건에 의해 제한된다.
15) Maximum Taxi Weight: 항공기 지상 조작시 최대 중량
16) Maximum Zero Fuel Weight : 항공기 연료탑재 이전의 최대 중량(항공기 제작사 제공)
17) Maximum Landing Weight :항공기 착륙 최대 중량으로 도착지 공항의 조건, 항공기 강도에 의해 제한된다.

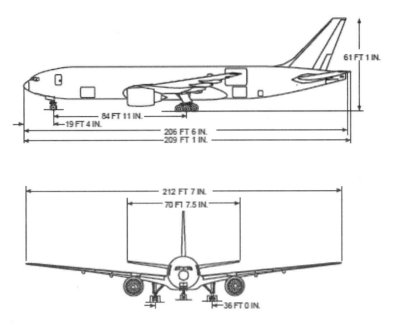

<그림 7> B777F 항공기 제원[18]

B777F의 Cargo Door는 총4개로 B747-400F와 비교하여 Nose Cargo Door
가 없다〈그림 8〉.

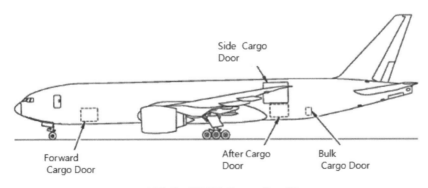

<그림 8> B777F Cargo Door[19]

18) Boeing 777F Weight and Balance Control and Loading Manual, 2010년, pp. 25
19) Boeing 777F Handling Information,2010년, pp.3

B777F의 Cargo Door 규격은 〈그림 9〉와 같다.

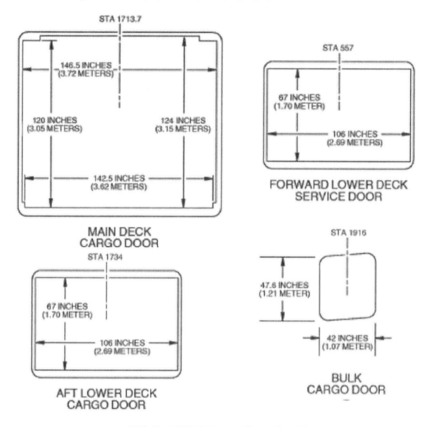

<그림 9> B777F Cargo Door Size[20)]

화물 운송 시 연결편 항공기의 종류에 따라 탑재 가능여부가 차이가 나는 바 항상 확인이 필요하다. 예를 들어 [표 9]에서 높이가 108인치이고, 폭이 110인치인 화물은 길이가 162인치 미만일 때 Side Cargo Door로 탑재가 가능하다. B747-400F와 비교하면 동일한 화물인 경우 B747-400F는 212인치 미만일 때 탑재가 가능하도록 설정되어 있다.

---

20) Boeing 777F Weight and Balance Control and Loading Manual, 2010년, pp.116(Side Door)/pp.105(FRD/AFT Door)/pp.114(Bulk)

[표 9] B77F Side Cargo Door Allowable Package Size[21]

MAIN DECK COMPARTMENT ALLOWABLE PACKAGE SIZES - SIDE CARGO DOOR													
HEIGHT IN.	WIDTH IN.													
	10	20	30	40	50	60	70	80	90	100	110	120	130	140
	LENGTH IN.													
120	319	286	260	239	220	205	191	173	149	·100	100	100	100	100
118	335	300	271	249	229	212	199	182	161	131	106	106	106	106
116	353	314	284	259	238	221	206	191	171	145	111	111	111	111
114	372	330	296	270	248	229	214	199	181	157	125	117	117	117
112	393	346	310	281	257	238	221	207	189	168	140	123	123	123
110	415	364	325	293	268	247	229	214	198	177	152	129	129	129
108	439	376	340	306	279	256	237	221	206	186	162	135	135	135
106	456	383	352	316	288	265	246	229	213	195	172	143	140	140
104	484	408	369	330	300	275	254	236	221	203	181	153	146	146
102	513	440	386	345	312	285	263	242	228	211	189	163	152	152
100	561	474	412	364	327	297	271	252	235	218	198	172	158	158
98	580	490	424	375	337	306	281	260	242	225	205	180	163	163
0-85.5	839	666	553	474	415	370	333	304	281	259	241	219	192	192

(2) 화물기 탑재 System

화물기는 별도의 탑재 시스템이 설치되어 있다. 탑재 시스템은 Main Deck과 Lower Deck에 설치되어 있으며, ULD단위 탑재시 동력을 이용하여 탑재를 빠르고, 정확하게 해주는 장점을 가지고 있다.

PDU (Power Drive Unite)는 항공기내 ULD를 전후로 이동해주는 장비로 Side Cargo Door와 Nose Cargo Door에 설치되어 있다.

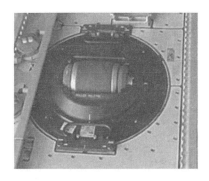

<그림 10> PDU 와 Center Guide and Restraint Assembly

21) Boeing 777F Weight and Balance Control and Loading Manual, 2010년, Page 117

Center Guide and Restraint Assembly는 항공기에 탑재된 ULD의 측면방향 이동/수직이동 제어 장비로 ULD의 정해진 위치를 선정할 때 사용 된다.

<그림 11> End Lock과 Roller Tray

ULD는 Roller Tray를 이용하여 이동하게 된다. 이 Roller Tray는 화물기의 바닥에 모두 설치되어 있으며, ULD가 정해진 위치에 자리잡게 되면 End Lock을 이용하여 움직이지 않도록 고정하게 된다〈그림 12〉.

<그림 12> Lower Deck Small PDU와 Bulk Net

Lower Deck 탑재 시 문옆의 작은 PDU를 이용하여 탑재를 수행하게된다. 이 때 ULD는 전후/좌우 방향이동 된다. Bulk Net는 AFT Cargo 탑재 공간과 Bulk 사이에 장착되어 두 탑재 공간 격리용으로 사용된다.

제 2 장 　 항공화물 프로세스

　항공화물은 일반화물(General Cargo)과 특수화물(Special Cargo)로 나눌수 있다. 특수화물은 접수, 보관, 탑재시, 특별한 주의를 요하는 화물을 의미하며, 위험화물, 부패성 화물, 생물 등이 있다. 본장에서는 일반 화물프로세스에 대해서 다룬다.

2.1. 일반화물 프로세스

　항공화물 프로세스는 수출 프로세스와 수입프로세스 그리고 환적프로세스 등의 3가지 프로세스로 나누어지며, 환적프로세스는 수입과 수출의 프로세스의 일부가 조합된 형태로 진행된다.

2.1.1. 일반화물 수출 프로세스

　수출프로세스는 화주의 화물수송의뢰로부터 시작하여 포워더의 항공사 예약, 운송사의 화물운송과 관세청의 화물검사 및 통관, 화물터미널 화물반입 및 장치장 입고, 화물혼재 및 Build-up, 항공기에 기적하여 외국으로 반출하는 과정이다. 수출공급망은 화주가 화물의 수출을 포워더에게 의뢰하고 화주로부터 화물의 수출을 의뢰받은 포워더는 일반적으로 콘솔사에 화물을 위탁하여 콘솔사가 다시 항공사에 기적을 의뢰 후 항공사가 화물터미널에 예정화물목록을 포함한 반입정보, 기적지시서 등을 제공한다.

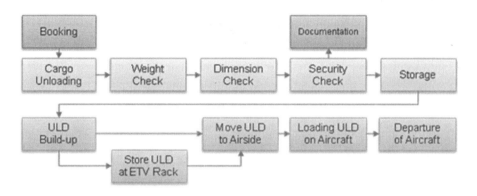

<그림 13> 수출 화물의 흐름도

(1) 화주

화주는 포워더에게 화물의 운송 및 수출입 절차를 의뢰하거나, 다음과 같은 작업을 한다.

- 화주는 수출에 관련된 서류(선적요청서, Shipping Request: S/R)를 작성하여 EDI (Electronic Data Interchange)를 이용하여 관세청(세관) 전송함.

- 선적요청서의 내용은 화물의 수량, 크기, 무게, 목적지, 통관에 관련된 보세, 공항세관의 면허, 화물의 운반 장소와 시간 등의 서류를 포함함

- 전송된 서류는 EDI를 통해서 항공사와 관세청에 제출함

- 화물에 관련된 정보(무게, 종류, 수량)가 담겨 있는 바코드를 부착함

- 바코드의 부착은 BOX 단위로 붙이며, 이를 House Barcode라고 함.

- 전송되는 데이터는 화물의 품목, 무게, 크기, 수량 등을 포함 함.

(2) 포워더

포워더는 화주의 S/R 접수, 서류 확인, 보세·공항세관의 면허관계 확인, 그리고 화물 Pick Up에 대한 제반 사항을 확인한다. 모든 서류 확인이 끝나면 화물의

Pick Up에 대한 수량 등 제반 사항을 확인하고 배차 계획을 세워 화물을 신속하고 안전하게 확보한다. 화물 인도가 끝나게 되면 항공사에 예약을 하게 되며 이때 항공기의 공간과 일정(Schedule), 구간(Routing)을 확인하여 화물이 여객기 또는 화물기를 이용할 것인지를 정하게 된다. 화물의 접수가 끝나면 항공사의 화물창고(Warehouse)로 화물을 보내게 된다. 항공사로 전송되는 데이터는 혼재화물 적하목록, Shipper, MAWB No(Master Air Way Bill), HAWB No (House Air Way Bill), 면허 번호 등이다.

(3) 화물터미널 및 항공사

항공화물 터미널 내 수출 프로세스는 화물 도착에서 시작해서 항공기 이륙까지 총 17 단계로 구분된다.

- Truck Dock에 화물 도착 및 하역

- 5ton Weighing Scale을 이용한 화물 무게 측정

- X-Ray를 이용한 화물 보안 검색

- 화물 보관

- Air Way Bill(AWB) 수령

- 예약리스트 (Booking List) 출력

- Work Order

- 화물 보관 위치 정보 체크

- Work Station에서 Build -up

- 20ton Weighing Scale을 이용한 작업 완료 ULD 단위 무게 측정

- 항공기 계류장으로 이동

- ULD 항공기 Spot 주변 Line-up (Safety Line 밖에 위치)

- Load Plan & Weighting Balance

- Loading ULD

- Locking System Check

- MAWB (Master Air Way Bill), 출항허가서, 승무원명부, W/B(Weight & Balance), ULD Manifest 제출

- 항공기 이륙

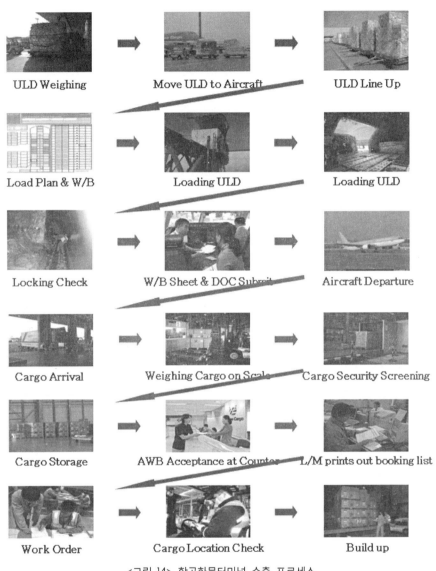

<그림 14> 항공화물터미널 수출 프로세스

항공사는 포워더로 부터 예약을 접수하며, 화물에 대한 제반 사항 (품목, 수량, 크기, 무게 등)에 대해 확인하며, 일정과 구간, 기종에 따른 공간을 할당하게 된다. 항공사에 반입되는 수출 화물의 종류는 일반물품, 반도체 등의 화물, 위험화물, 중량화물 그리고 생동물, 부패성, 귀중품으로 나누어진다. 관련 화물에 대한 반입 시

간은 일반화물의 경우 여객기는 항공기 출발 예정시간 2시간30분 전, 화물기는 항 공기 출발 예정시간 4시간 전이다. 생·동물 등 긴급 또는 부패성 화물은 2시간 전 입고를 완료해야하며 위험물은 항공기 출발 예정시간 2시간 전까지 화물터미널에 반입되어야 한다.

[표 10] 항공사 예약과 공항 수출관여 업무 내용

	예약과	공항 수출과
	예약사항 확인	예약과의 CBM확인[22]
업무 내용	특이사항 확인	CBA 접수[23]
	화물 확인	적재(loading) 계산

① Truck Dock

트럭들이 화물창고에 접안이 용이하도록 설계된 시설물로 화물 반입 시 단위화 되지 않은 화물(Loose cargo)과 Skid 화물, 비정형 화물로 구분 된다. 트럭에서 상하차 시에는 주로 지게차(Forklift)를 이용하나, 경량 화물의 경우에는 컨베이어벨 트 (Conveyor Belt)를 이용하여 운반하게 된다. Truck Dock의 가장 중요한 역할 은 신속한 상하차에 있으며, 화물이 집중되는 시간(Peak Time)에는 병목현상으로 지연이 발생되기도 한다.

---

22) CBM - 보통 수출용 화물의 포장된 상태에서의 부피를 나타내며 CBM은 cubic meter의 약자로 즉, ㎥와 동일한 의미로 표시하는데 운송료를 산정하는 기준이다. 계산방법은 가로(m)x세로(m)x높이(m)로 계산한다.
23) CBA - Cargo Boarding Advisory의 약어로 항공사의 예약 카운터가 예약된 화물의 Data를 Flight별로 집약하여 공항 화물점소에 일괄 발신하는 List

<그림 15> 항공화물 창고의 Truck dock

② 계측 및 보안 검사

화물이 Truck Dock으로부터 반입되면 화물의 무게를 측정하게 된다. 항공화물에서 측정되는 무게는 화물의 실제 무게를 측정하는 실중량 (Actual Weight) 측정과 화물의 면적/부피를 측정하는 부피무게 (Volume Weight) 측정 방법으로 구분된다. 특히 화물의 중량은 화물의 요금 적용과 밀접한 관계를 가지는 부문으로 화물운송장 발급 시 상기에서 언급된 2가지 무게를 적용하여 요금을 산출하게 된다.

<그림 16> 화물의 무게 측정

한국의 경우 화물보안 검색 수행의 주체가 화물터미널의 항공사로 규정하고 있어, 여객의 검색 주체인 공항운영자와 차이가 있다. 화물의 보안검사는 대부분 국가 규정으로 정하고 있으며 미국은 TSA(Transportation Security Administration), 유럽은 EU 보안규정으로 화물에 대한 검색 방법과 기록유지, 교육 등을 규정하고 있다. 이러한 규정을 미 준수한 화물은 운송이 제한될 수 있도록 법규로 정하고 있다. 대부분의 국가에서는 X-Ray와 폭발물 탐지기, 개봉검색을 이용하고 있다.

③ 도착지별 화물 분류 및 화물의 Build Up(B/U)

화물 검색이 완료된 화물은 보호구역내 각 목적지 별로 화물을 분류 하게 된다. 분류된 화물들은 항공기의 기종에 따라 작업되는 모양이 결정되게 된다. 화물기 Main Deck 작업되는 화물은 높이가 118인치 또는 96인치로 Build Up 작업이 되지만, 여객기 또는 Lower Deck Build Up작업은 높이 64인치 미만으로 작업되게 된다. 이때 각 도착지별로 분류되었다는 정보를 바코드 스캔을 통해서 입력하게 된다.

<그림 17> 화물의 Build Up 작업

화물의 B/U 작업은 다음의 단계를 거치게 된다.

- 화물을 팔레트나 컨테이너로 작업하게 됨.

- B/U 작업에서 화물의 바코드를 스캔함.

- 만약 B/U 작업을 하는 화물 중 100개의 화물이 동일 품목이면 1개의 화물만 스캔하여 전체 수량을 곱하여 무게와 부피를 계측함.

- 각각 다른 화물이면 하나씩 전부 스캔 작업을 함.

- 국내화물터미널의 경우 한 시간 기준 시 6개의 팔레트를 작업

- 무게, ULD(Unit Load Device) size, 화물 정보를 수작업으로 EDI 전송.

- ULD 번호와 화물의 바코드를 일치하는 작업을 함.

④ 창고 (Warehouse) 장치

Build-Up 작업이 끝난 화물은 Forklift나 By-Pass를 통해서 각 Bound 별로 구분 지어서 항공기에 탑재되기 전까지 Warehouse에 입고하게 된다. Warehouse에서는 ETV(Elevating Transfer Vehicle)Rack에 보관하게 되며, 화물을 특성(항온/항습, 귀중화물, 온도/습도 조절 화물 등)에 따라 별도의 장소에 보관한다.

<그림 18> Warehouse에 입고된 화물

⑤ 보안검색 및 항공기 탑재

- 항공기 스케줄에 의해 화물을 항공기에 탑재 할 때 그리고 창고(Warehouse)에 장치된 화물이 창고를 빠져나올 때, 마약 검사(X-Ray 검사와 같이 검사대를 통과하면서 받는 검사)를 받게 됨.

- Tug Car, Dolly, Cart, Hand push cart등의 장비를 이용하여 화물을 주기장으로 운반하게 되며, Main(또는 Lower) Deck Loader, 컨베이어 벨트(Conveyor Belt) 등을 이용해서 항공기에 화물을 탑재 함.

<그림 19> 화물의 항공기 탑재

(4) 관세청 (Customs Service)

한국의 관세청은 『적하목록 사전 신고제도』를 운영하면서 수출 화물의 경우 항공기 출발 30분전까지 적하목록을 세관에 제출하도록 규정하고 있으며, 수입화물은 장거리 구간은 도착 4시간 전, 중/단거리 구간은 항공기 출발 전에 전송하도록 규정하고 있다. 이에 따라 항공사는 전송을 위한 시스템을 별도로 구축하여 운영중에 있다. 미주행 화물과 유럽행 화물도 각 국가에 맞는 법규에 따라 적하목록을 전송하고 있다. 화주, 포워더 혹은 항공사로부터 수출 면장 발급에 관련된 서류[24]를 받아 수출 면장을 발급하게 되며, 마약 혹은 위험품 반입시 검사하게 됨.

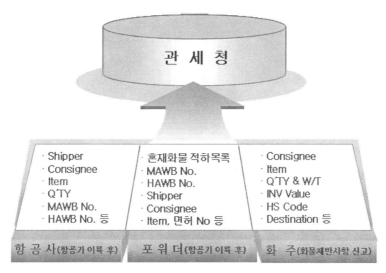

<그림 20> 관세청 EDI 시스템

2.1.2 일반화물 수입 프로세스

화물 도착 전 준비 작업부터 시작하여 항공기 공항 도착 후 하기되어 창고 배정을 거쳐 보관되고, 관세청의 화물검사 및 통관을 거쳐 터미널을 통해 공항 밖으로 반출되어 화주에게까지 전달되는 과정이다.

수입공급망은 화물의 수입 시 항공운송주체들이 정부 관련기관에 화물의 수입과 관련된 허가 및 보고사항을 전달하고 화주, 포워더, 항공사, 공항공사는 문서와 다양한 정보통신기술을 통해서 정보를 교환한다.

항공화물 터미널 내 수입 프로세스는 크게 화물의 종류에 따라 보세화물 수입 프로세스와 통관 화물 수입 프로세스로 구분된다. 보세화물 수입 프로세스는 항공

---

24) 적하목록 - 선박 또는 항공기에 적대된 화물의 총괄목록. 선사, 항공사, 포워도가 작성하여 제출한 B/L일련번호에 의하여 화물관리번호가 B/L 한 건에 대하여 하나씩 자동으로 부여된다. 화물관리번호는 사람에게 있어서 주민등록번호와도 같은 것으로 세관의 수입화물관리에 있어서 가장 중요한 자료이다. 적하목록은 선사, 항공사, 포워더가 작성하며 적하목록을 틀리게 작성한 경우에는 적하목록을 수정하거나 정정할 수 있다.

기 도착에서 반출까지 총 6단계로 구분되며 그 단계는 아래와 같다.

- 항공기 도착
- 항공화물터미널 내부로 ULD 이동
- Break Down
- 보세창고에 보관
- 보세창고 부스에 등록
- 반출

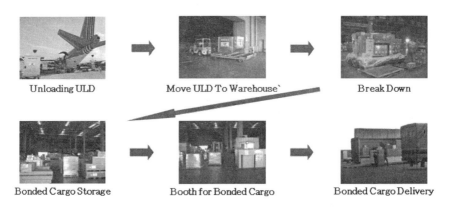

Unloading ULD   Move ULD To Warehouse`   Break Down

Bonded Cargo Storage   Booth for Bonded Cargo   Bonded Cargo Delivery

<그림 21> 항공화물터미널 보세화물 수입 프로세스

2.2. 일반화물의 환적 프로세스

신용장에 규정된 출발공항으로부터 목적지 공항까지의 운송과정 중에 화물을 하나의 항공기로부터 다른 항공기에 재 적재하는 과정이다. 수출국의 화주, 포워더, 항공사(입항), 보세운송사, 항공사(출항) 등이 정보를 교환하고, 운송공급망을 통해 수출국 화주로부터 화물을 받아 인천공항을 거쳐 기적 후 출항의 역할을 수행한다.

일반적으로 혼재가 이루어지지 않는 환적 프로세스는 항공기 도착에서 반출까지의 단계는 아래와 같다.

- 환적 화물 도착 접수

- ULD 하역

- Build-Up 상태 확인 또는 출발 항공기에 기적(ship to ship loading)

- ETV에 보관

- Weighing Scale을 이용한 ULD 단위 무게 측정

- 항공기 계류장으로 이동

- ULD Line-up

- Load Plan & Weighting Balance

- Loading ULD

- Locking System Check

- MAWB(Master Air way Bill), 출항허가서, 승무원명부, W/B(Weight & Balance), ULD Manifest 제출

- 항공기 이륙

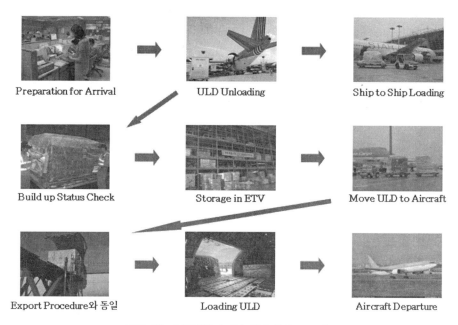

Preparation for Arrival　　　ULD Unloading　　　Ship to Ship Loading

Build up Status Check　　　Storage in ETV　　　Move ULD to Aircraft

Export Procedure와 동일　　　Loading ULD　　　Aircraft Departure

<그림 22> 항공화물터미널 환적 화물 프로세스

2.3. 항공물류 이해관계자별 프로세스

2.3.1. 화주 수출입 업무 프로세스

(1) 수출

- 항공화물 예약을 위해 포워더에 C/I(Commercial Invoice), P/L(Packing List), 수출면장사본 등의 정보를 보내고 관세사에 수출신고서와 화물정보를 보냄.

- 검역이 필요한 경우 검역신청을 하고 검역신고필증을 교부받고 수출신고필증을 관세사를 통해 받음.

- 화물 운송을 위해 운송사나 보세 운송사에 운송을 의뢰하거나 포워더에게 운송 관련 업무를 일임하고 포워더로부터 HAWB (House Air Way Bill)을 교부 받음.

(2) 수입

- 포워더로부터 화물 도착 통지를 받고 수입신고를 관세사에 의뢰하고 검역이 필요한 경우 검역기관에 검역신청을 하고 검역신고필증을 교부 받음.

- 운송사나 보세운송사(보세창고로 화물을 운송하는 경우)에 운송의뢰를 하고 운임 및 창고 보관료 등의 비용을 지불함.

- 포워더를 통해 D/O를 작성하여 화물을 운송사를 통해 화물을 인수하고, HAWB을 교부 받음.

2.3.2. 포워더 수출입 업무 프로세스

(1) 수출

- 항공사 스케줄 확인 후 화주로부터 C/I, P/L, 수출면장 사본 등의 정보를 받아 기적 예약을 하여 MAWB번호를 받고 화물 정보를 전달함.

- 운송사에 운송의뢰를 통해 콘솔사의 보세창고로 화물을 반입하고, 관세사에게 관세청 통관에 필요한 P/L, C/I, 수출신고서 등을 보냄

- House 단위의 적하목록을 신고하고 항공기의 출항허가가 떨어지면 항공사로부터 MAWB를 교부 받고 화주별로 HAWB를 송부함.

(2) 수입

- 항공사로부터 화물도착 통지를 받고 화주에게 도착정보를 전송함.

- 화물에 대한 배정 및 운임을 정산한 후 항공사로부터 D/O와 MAWB를 접수 받음.

- 적하목록을 신고하여 심사에 통과하면 수입신고서를 세무사를 통하여 관세청에 신청하고 수입신고필증을 교부함.

- 운송사(화물터미널에서 보세창고로 이동할 경우 보세 운송사)에 D/O를 전송함

2.3.3 콘솔사 수출입 업무 프로세스

(1) 수출

- 포워더로부터 C/I, P/L 등의 화물 정보를 받고 화물을 반입함.

- 관세청에 화물 반입정보를 신고하고 의뢰받은 화물작업에 따라 Build Up 작업을 하거나 보관을 한 후 항공기 스케줄에 맞춰 반출정보를 신고하고 보세 운송사를 통해 화물을 화물터미널로 반출함.

(2) 수입

- 보세 운송사에 D/O를 발급하고 보세운송사가 화물을 찾을 수 있도록 보세운송필증과 수입신고필증을 발급함.

- 보세운송사가 화물 조업사로부터 반입하면 반입정보를 관세청에 신고하고 반출정보를 신고하면 화주나 운송사에게 화물을 인도함.

2.3.4. 항공사 수출입 업무 프로세스

(1) 수출

- 선적의뢰를 통해 C/I, P/L 등의 정보를 받고 이에 따라 Booking List를 제공함

- 화물 반입 시 수출신고필증을 확인하고 Build up 결과를 받으면 관세청이나 출입국사무소 등에 반입정보 및 반출정보를 신고함.

- HAWB정보를 취합하여 MAWB를 작성하고 이를 승객/승무원명부 등과 함께 관세청 등에 제출함.

- 적하목록이 승인되고 출항허가가 떨어지면 포워더 등에게 MAWB를 발급하고 해외 포워더나 도착지 정부기관에 적하목록 등의 서류를 신고함.

(2) 수입

- 관세청과 출입국관리소에 입항신고, 적하목록신고를 하고, 승객/승무원명부와 하기이상 보고를 함

- 입항허가와 적하목록 심사결과 등을 받게 되면 화물이 도착했다는 정보를 통지하고 터미널조업사에 화물분류작업, 반입예정, 반출승인 등의 정보를 보냄.

- 화물분류가 끝나면 적하목록을 하고 반출입 신고를 한 후 포워더로부터 항공운임이나 보관료 등을 받고 MAWB를 발급함.

2.3.5. 운송사 수출입 업무 프로세스

(1) 수출

- 화주나 포워더로부터 운송의뢰를 받고 화물을 콘솔사에게 배송함.

- 보세 운송의 경우 보세화물에 대한 운송의뢰를 받아 화물터미널까지 배송함.

(2) 수입

- 화주나 포워더로부터 운송의뢰를 받고 화물을 화주에게 배송함.

- 보세 운송의 경우 화물터미널에서 콘솔사에게 화물을 배송함.

2.3.6. 화물터미널(터미널 조업사) 수출입 업무 프로세스

(1) 수출

- 항공사로부터 Booking list를 제공받아 물품이 반입되면 반입정보를 신고하고 서류와 화물을 대조 후 중량을 측정하고 보안검사를 함.

- Build up 작업을 종료하면 결과를 통보하고 화물 반출 정보를 관세청 등에 신고함.

(2) 수입

- 항공사로부터 반입 예정을 통보 받게 되면 ULD 단위로 화물을 분류하고 그 결과를 통보함.

- 관세청을 통해 HAWB단위로 화물분류 목록을 받으면 Break down 작업 후 반입정보를 신고함.

- 포워더로부터 운임 등의 비용을 받고 D/O를 발급하여 반출 승인을 하고 반출정보를 관세청에 신고함.

- 보세운송필증과 수입신고필증을 받고 화물을 인도함.

2.3.7. 관세사 수출입 업무 프로세스

(1) 수출

- 화주나 포워더로부터 수출신고의뢰를 받고 C/I, P/L, 검사필증 등의 화물 정보를 받고 수출신고서를 관세청에 전송함.

- 관세청으로부터 수출신고필증을 받아 화주나 포워더에게 전달함.

(2) 수입

- 화주나 포워더로부터 수입신고의뢰를 받고 C/I, P/L, AWB, 검사필증 등의 화물 정보를 받고 수입신고서 전송과 관세납부서를 전송함.

- 관세청으로부터 수입신고필증을 받고 화주나 포워더에게 전달함.

2.3.8. 세관(관세청) 수출입 업무 프로세스

(1) 수출

- 관세사에게 수출신고서와 C/I, P/L 등의 화물 정보를 받고 수출신고필증을 관세사에

게 교부함.

- 화물터미널에서 반입/반출신고를 받고 포워더가 House단위 적하목록을 신고하면 적하목록을 심사하여 결과를 포워더에게 통보함.

- 항공사로부터 Master단위의 적하목록, 출항신고, 승객승무원 명부를 받고 적하목록을 심사하고 출항허가를 항공사에 통보함.

(2) 수입

- 항공사로부터 Master단위 적하목록, 입항신고 및 승객·승무원명부, 하기이상보고 등과 받아서 적하목록을 심사하고 그 결과와 입항허가를 통보함.

- 화물 분류 목록을 화물터미널로 전송하고 포워더로부터 House단위 적하목록신고를 받아 심사하고 그 결과를 통보함.

- 화주나 포워더로부터 수입신고서를 받고 수입신고수리필증을 교부함.

- 화물터미널과 보세창고로부터 반입/반출정보 신고를 받고 보세운송의 경우 보세운송신청서를 받은 후 보세운송필증을 교부함.

2.4. 거래구조별 물류 프로세스

2.4.1. 직구 물류 프로세스

직구 물품의 항공물류 프로세스는 해외직접구매 모델, 구매대행 모델, 배송대행 모델로 구분할 수 있음

(1) 해외직접구매의 모델

- 아마존의 사례와 같이 소비자가 상품을 구매하면 수출국의 판매자가 물품을 발송하며, 물류센터에서 입고, 국제 운송을 통해 수입국에서 통관되며 수입국의 배송시스템을 이

용하여 배송이 완료되는 프로세스임

(2) 구매대행 모델

- 소비자가 대행업체에 물건 구매를 의뢰하면, 구매대행 업체에서 구매, 배송, 항공운송, 통관 등 모든 프로세스를 대신해서 수행함
- 해외 직접 구매와 물류 프로세스는 동일함

(3) 배송대행 모델

- 수출국의 쇼핑몰이 수입국까지 배송서비스를 제공하지 않을 경우, 수출국의 배송대행지로 물건을 받고, 그 곳에서 수입국으로 재배송하는 프로세스임

<그림 23> 직구 물품의 항공물류 프로세스

2.4.2. 역직구 물류 프로세스

우리나라에서 수출되는 온라인 상품의 역직구 프로세스는 '직배송 모델', '집화 직배송 모델', '보세구 모델'로 구분할 수 있다.

(1) 직배송 모델

- 수입국의 소비자가 한국 또는 수입국의 온라인 쇼핑몰에서 상품을 구매, 결재한 후 판매자가 국제 특송을 통해 상품을 소비자에게 개별로 발송하는 형태

- 상대적으로 배송 시간이 짧으며, 재고의 부담이 없으며, EMS 혹은 특송사의 시스템으로 상품의 배송 추적이 가능하지만 물류비가 상대적으로 고가

<그림 23 > 직배송 모델의 항공물류 프로세스

(2) 집화 직배송

- 판매자가 수입국의 소비자로부터 온라인 주문을 받은 후 상품을 국내 물류센터에 보관하였다가 일정 주문량이 되면, 일괄적으로 EMS 혹은 특송 운송을 통해 수입국으로 배송하는 모델

- 집화 직배송은 상품의 수가 일정량 이상 도달한 후 배송하기 때문에 물류비가 상대적으로 저렴하며, 물류센터에서 묶음배송과 같은 부가 서비스 제공 가능

- 해외 직배송 시스템이 갖추어지지 않은 온라인 쇼핑몰 혹은 소비자의 선택에 따라 배송대행업체를 통해 수입국으로 보내는 물량도 집화 직배송을 간주 가능

<그림 24 > 집화 직배송 모델의 항공물류 프로세스

(3) 보세구 모델

- 수입국의 경제특구나, 시범지구를 활용한 모델로, 수입국 내의 보세창고를 이용, 상품을 보관 하였다가 주문이 들어오면 수입국 내에서 배송을 하는 형태임

- 이 경우 꾸준히 판매되는 물건을 대량으로 보관해야 하기 때문에 상품이 제한적이며, 유통기한이 있는 식품과 같은 경우 재고 부담이 큼

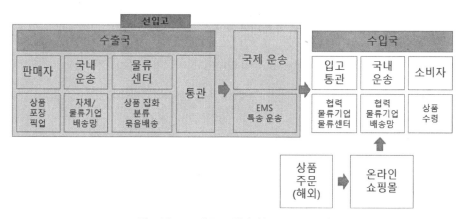

<그림 25 > 보세구 모델의 항공물류 프로세스

제3장　특수화물 프로세스

3.1. 부패성 화물 (Perishable Cargo)

부패성 화물은 운송 보관 중에 부패 및 변질 등의 우려가 있는 화물을 말하며 통상적으로 적절한 온도나 습도 등이 유지 되어야 하는 화물을 총칭해서 말한다. 부패성 화물에 있어 가장 중요한 요소는 온도로써 항공운송 중 항공기의 운항 상태에 따라 최저 영하 55℃에서 최고 70℃까지 변화한다. 일반적으로 전체 공급망에서 부패성 화물의 이동경로를 추적한 결과 부패되거나 손실되는 물량의 약 30%에서 55%가 운송 단계인 것으로 나타나고 있다. 항공운송에 있어 부패성화물은 운송되는 시간에 따라 온도 등의 환경요소 등에 민감하여 정확한 배달 시간과 세심한 온도 관리를 요구한다. IATA 부패성화물규정(Perishable Cargo Regulations)은 부패성화물을 송화주로부터 수화주까지 전달함에 있어 상품의 품질을 유지하기 위해 항공사에게 화물 처리 기술과 포장 기술에 대한 표준을 제시하기 위한 권고사항이며, 매년 수정하여 새로운 버전을 발간하고 있다.

3.1.1. 부패성 화물의 형태

[표 11] 부패성화물의 형태

구분	부패성화물의 형태
①	Fruit and Vegetables(과일과 채소)
②	Fresh-Cuts and Prepared Salads(가공된 채소)
③	Seafood and Fish(해산물과 생선)
④	Meat and Meat Product(육류와 가공품)
⑤	Dairy Product (유가공품)
⑥	Bakery(베이커리)
⑦	Frozen Food(냉동 식품)
⑧	Ornamentals(장식용 식물)
⑨	Pharmaceutical(의약품)

* 출처 : IATA, Perishable Cargo Regulations, Effective 1 July 2009

(1) Fruit and Vegetables(과일과 채소)

과일과 채소는 비타민과 같은 영양소를 포함함에 따라 보관장소의 환경, 특히 온도와 습도의 영향을 매우 많이 받음.

(2) Fresh-Cuts and Prepared Salads(가공된 채소)

가공된 채소는 최근 시장에서 유통량이 급증하고 있는 패스트 푸드 형태의 샐러드 등으로써 사전 공정이 이루어진 것이며 그에 따라 운송 중 관리가 요구되는 상품임.

(3) Seafood and Fish(해산물과 생선)

해산물과 생선은 냉동, 건조, 가공품, 피클(젓갈류), 활어 등으로 나눌 수 있으며 그 형태에 적합한 관리가 이루어져야함.

(4) Meat and Meat Product(육류와 가공품)

육류와 가공품은 그 분류가 매우 광범위하며 운송 전방에 걸쳐 저온관리가 요구됨.

(5) Dairy Product(유가공품)

우유와 같은 유제품이 대표적인 Dairy Product로써 수명주기 짧은 만큼 세심한 관리가 요구됨.

(6) Bakery(베이커리)

소비까지의 수명주기가 매우 짧은 것으로 특별히 선별된 것들만을 대상으로 항공기로 운송함.

(7) Frozen Food(냉동 식품)

과일, 채소, 육류, 해산물 등 모든 영역에서 냉동된 상품을 의미함.

(8) Ornamentals(장식용 식물)

화초, 분, 난, 원예 및 꽃가루 등 화훼 등을 의미함.

(9) Pharmaceutical(의약품)

완성된 제품으로 어떠한 제조를 거쳐 처방약으로 사용될 수 있는 단계의 제품, 인증을 받기위한 루트에 있는 약품, 바로 처방될 수 있는 단계의 약품 등으로 구분됨.

3.1.2. 부패성 화물의 관리 요소

부패성 화물의 형태 별로 각각 개별적인 관리 요소를 가지고 있으며 전체적인 관리 요소는 다음의 5가지로 분류할 수 있다.

[표 12] 부패성 화물의 관리 요소

관리 요소	설명
온도	부패성 화물의 관리를 위해 가장 중요한 요소로 모든 부분에 적용됨.(통계적으로 대부분의 부패화물 발생요인이 온도임.)
습도	부패성 화물의 관리 요소 중 온도와 관련하여 호흡률 및 부패속도에 영향을 미치는 요소로써 온도와의 상호작용을 통해 영향을 미침.
호흡률	채소 및 과일, 화훼와 같이 호흡이 이루어지는 상품에 적용됨.(탄소량과 온도에 영향을 미침.)
기압	상품의 수분 증발에 영향을 미침.(지상 기압의 10%의 압력저하 당 10% 수분 증발 속도가 가속됨.)
탄소량	호흡하는 상품의 호흡률에 따라 증가하며 탄소량의 증가는 상품의 호흡 방해 및 온도 상승의 효과를 가져옴.

* 출처 : IATA, Perishable Cargo Regulations, Effective 1 July 2009

3.1.3. 부패성 화물의 권고 사항 목록

IATA 부패성화물규정(Perishable Cargo Regulations)에서는 부패성 화물과 관련된 사항을 리스트로 정의해 놓고 각 품목에 따른 관련 사항을 다음과 같이 구분된다. (부패성 화물의 리스트에 따른 자세한 권고사항은 내용은 본 절에서는 제외함.)

- Column A: 상품

- Column B: CAT.(Categories)

- Column C: Group

- Column D: TEMP.

- Column E and F: Min T, Max T

- Column G and H: Min RH, Max RH

- Column I: SLF.(Short Life Flag)

- Column J: CDPR(Carbon Dioxide Production Rank)

- Column K: RBDR(Respiratory Behavior During Ripening)

- Column L: EB(Ethylene Behavior)

- Column M: EPR(Ethylene Production Rank)

- Column N: CS(Chilling Sensitiveness)

- Column O and P: Pak. Sec. and Pck. Fig.

- Column Q: Col. Table 5.3(상품 중 격리가 필요한 경우)

* 출처 : IATA, Perishable Cargo Regulations, Effective 1 July 2009

3.1.4. 부패성 화물의 Tracking과 Traceability

(1) 부패성화물의 Tracking

부패성 화물의 경우 소비자의 건강에 직접적인 영향을 줌으로써 해당 상품과 보관 장소 및 해당 시간, 그리고 보관 장소의 상태 및 목적지에 대한 정확한 이력 추적이 요구되고 있다. 과거에는 바코드 등의 기술을 이용하였지만 오늘날 무선 인식 기술 중 객체의 개별 인식이 가능한 RFID 기술의 적용이 고려되고 있다.

(2) 부패성 화물의 Traceability

IATA에서는 상품의 관리를 위해 상품의 출발지, 상품의 도착지 및 필수 경유지에서의 이력 추적을 요구하고 있으며 추적 정보를 이용해 상품의 부패가 일어난 지점을 추적 하는 것이 바람직하다. 현재 개발 및 진행되고 있는 RFID 기술로는 특정 장소와 시간에 대한 특정 화물 정보 추적만이 가능하고 부패여부 및 부패에 영향을 미쳤는지를 판단할 수 있는 근거 자료를 획득할 수 없다.

현재 ISO standard 8402에서는 Traceability를 공급망 내에서 상품과 상품이 사용되는 모든 생산 및 공급처에 대한 이력 추적으로 정의하고 있다.

(3) 부패성 화물에서 Traceability의 응용

상품의 Traceability는 소비자의 건강, 위험 관리, 상품의 품질과 직접적인 연관성을 가지고 있으며 따라서 공급망 전체의 각 단계에 따른 적용 및 활용이 요구되고 있다. Traceability 시스템의 요구사항에 만족하는 기술로는 과거 바코드가 대표적이었고 현재에는 RFID 시스템 및 센서 시스템의 적용이 고려되고 있다. 대표적인 요구사항은 다음과 같다.

- 특정 객체에 대한 객체정보 인식

- 정보 획득 절차 및 작업의 효율화 및 자동화

- 공급망 내 각 지점(point)에 대한 식별

[표 13] 부패성 화물의 관리 요소

적용 대상	적용 목적
상품	전체 공급망 내에서의 상품 안전성 확보 및 상품 품질 유지
Data(데이터)	장기 보관 상품의 품질 유지 및 관리와 통계자료에 대한 근거 자료 제공 및 수요 예측
유지/보수	통계자료를 바탕으로 한 기술 개발 요구 및 표준 수정/보완 업무 수행
IT(Information Technology)	현업에서의 프로세스 요구사항 및 시스템 요구사항에 적합하고 효과적인 형태로 반영

부패성화물의 프로세스는 검수, 보관 등의 프로세스에서 주의를 요하며, 일반화물의 프로세스를 따르며, 다음의 그림과 표는 부패성 화물을 처리하는 일반적인 프로세스를 나타낸다.

입하 검수 보관
(라벨,포장,무게,보안)

출고 출고대기 포장
(Airside) (ETV) (Build-up)

<그림 23> 항공화물 터미널에서의 부패성 화물 취급 절차

[표 14] 항공화물 터미널에서의 부패성 화물 Work Flow 개요

구분	워크 플로우(Work Flow)	설 명
1	입하	부패성 화물이 항공화물 터미널에 도착하여 트럭 덕에서 하역되는 작업을 의미함.
2	검수	부패성 화물이 입하된 후 해당 화물의 포장 상태와 라벨 부착 여부, 무게, 보안 사항을 검수하는 작업을 의미함.
3	보관	부패성 화물에 대한 검수가 끝난 후 항공기에 기적하기 적합한 형태의 ULD 단위로 포장되기 전에 특수화물 창고(냉동, 냉장, 보냉, 보온 등)에 보관하는 작업을 의미함.
4	포장(Build-Up)	입고된 부패성 화물들을 항공기에 기적하기 적합한 형태의 ULD 단위로 포장하는 작업을 의미함.
5	출고 대기(ETV)	ULD 형태로 포장된 화물을 항공기에 기적하기 전에 일시적으로 ETV 랙(Rack)에 보관하는 것을 의미함.
6	출고(Airside)	ULD 형태로 포장된 화물이 항공기에 기적되어 출항 하는 것을 의미함.

(4) 부패성화물 관리의 이슈

현재 항공사에서 부패성 화물과 관련하여 발생하는 가장 큰 손실은 Claim의 발생으로 나타나며 Claim의 대표적인 원인은 아래와 같다.

- 항공화물 터미널에서의 부패성 화물 관리 미흡: 부패성 화물에 대한 관리가 미흡하여 터미널 내에서 화물이 부패되는 경우로 작업자의 실수로 보관 위치를 잘못 선택하여 보관하였거나 보관 장소의 보관 환경에 대한 관리가 잘못되어 화물이 부패하는 경우가 발생함.

- 항공화물 터미널에 입고된 부패성 화물이 사전에 부패되어 있어 관리가 올바르게 이루어졌음에도 불구하고 Claim에 대해 보상하여하는 경우: 항공화물 터미널에 입고된 화물이 입고 이전에 부패되어 있었으나 항공사 측에서는 검수 시에도 포장을 열어 볼 수 없어 확인 할 수 없으며 올바른 관리가 이루어졌음을 증명하는 log data를 갖고 있지 않아 손실이 발생함.

3.2. 위험물

항공운송에 있어 위험화물은 국제민간항공기구(ICAO)가 제정한 기술지침의 List of Dangerous Goods에 수록되어 있거나 분류 기준에 해당하는 것으로 인간의 건강과 안전, 재산 및 환경 상 해로울 수 있는 물질이나 품목을 의미한다. 항공화물에 있어 위험물은 항공운송 중 발생하는 기압, 기온변화 및 운항 중 진동 및 공간의 제약에 따라 항공기, 인명, 환경과 다른 화물에 피해나 영향을 줄 수 있는 화물로서 IATA의 위험물규정(Dangerous Goods Regulations)에서 수송 및 취급 등에 대한 가이드라인을 제시하고 있다. 항공으로 운송되는 위험물은 IATA의 위험물규정(Dangerous Goods Regulations)에 따라 9개의 Class 표[15]와 위험 정도에 따라 높은 위험군인 Packing Group I 과 중간 위험군인 Packing Group II, 낮은 위험군인 Packing Group III 로 구분된다. 또한 각 위험물 Class는 추가적인 Division으로 분류되며, 각 Class 와 Division에 따라 규격에 맞는 포장, 라벨링 등의 과정을 거쳐 항공화물터미널 내에 입고된다. 화주는 자신의 물품에 대해 제반 규정에 맞도록 포장(packing), 표식(labeling), 표기(marking) 등을 하여야 하며, 위험물 화주신고서(shipper's declaration for dangerous goods)를 정확하게 작성하여 항공사에 제출하여야 한다. 항공사는 해당 위험물에 대해 화주가 규정에 맞게 실물 및 서류를 갖추었는지를 위험물 접수점검표(Acceptance checklist for dangerous goods)를 통해서 확인하여야 한다. 또한 위험물 접수 후 보관, 작업, 탑재, 기장보고서 등 수송에 이르는 전 과정을 책임진다.

[표 15] 위험물 성질에 따른 분류

Class	내용	위험물 예시
Class 1	폭팔성 물질(Explosives)	화약, 다이너마이트
Class 2	가스(Gas)	에어로졸, 라이터
Class 3	발화성 액체(Flammable Liquid)	페인트,공업용 알콜,
Class 4	발화성 고체(Flammable Solids)	성냥, Metal Powders
Class 5	산화성 물질 및 유기과산물 (Oxidizing Substances and Organic Peroxides)	Ammonium Nitrate, Hydrogen Peroxide
Class 6	독성 및 전염성 물질 (Toxic and Infectious Substances)	Vaccines, Blood,
Class 7	방사능 물질(Radioactive Material)	방사능 포함 물질
Class 8	부식성 물질(Corrosive)	Battery Acids
Class 9	기타 위험물질 (Miscellaneous Dangerous Goods)	Magnetized Material

[표 16] 위험물 Class별 마크

Class	위험물 예시
Class 1	
Class 2	
Class 3	
Class 4	
Class 5	
Class 6	
Class 7	

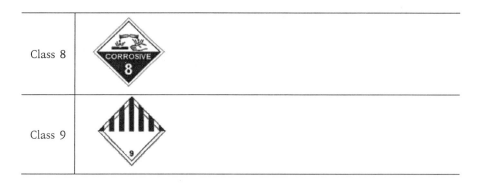

| Class 8 | |
| Class 9 | |

3.2.1. 위험화물의 취급 및 보관

위험화물의 관리는 IATA의 위험물규정(Dangerous Goods Regulations)에서 인정하는 교육기관에서 위험화물에 관련된 교육을 이수한 자에 한하고 있으며, 위험화물이 포함된 화물의 접수 시에는 Air Way Bill과 함께 위험물화주신고서 (Shipper's Declaration for Dangerous Goods)서류를 작성하여 제출하도록 규정하고 있으며, 이 서류에는 위험화물의 UN No. 또는 ID No., Proper shipping name(PSN), Class 또는 Division(subsidiary risk), 포장등급을 포함하며 접수하는 위험화물과 관련된 요청사항을 기재하도록 되어있다. 방사능 물질이나 드라이아이스 등이 포함된 경우에는 해당 서류를 추가로 제출해야 한다.

위험화물 취급자의 안전을 위해, 위험화물 취급자의 1년 간 노출가능한 방사선 총량 등의 규정이 있으며 이 외에도 살아있는 동물, 소량 위험물, 감염성 물질, 파손된 물질, 방사능 물질 등 특수한 경우에 대한 세부적인 규정이 있다.

(1) 위험화물의 보관

위험화물의 화물의 자체적인 특성으로 인하여 다른 Class에 해당하는 위험화물에 영향을 미치거나 상호 작용이 발생하여 잠재적인 위험성이 있는 위험화물에 대해 분리규정을 적용하여 위험화물 간 분리하여 보관하도록 하고 있다.

방사능이 포함된 위험화물 중 카테고리 Ⅱ와 Ⅲ에 해당하는 방사능 물질은 작업자를 비롯한 사람들과 분리되어 보관하여야 하며, 분리 거리는 TI(Transportation Index)에 따라 최소 0.3m부터 최대 10.8m까지로 규정짓고 있다. 방사능 물질이 현상되지 않은 사진용 필름과 보관될 경우에도 분리거리 규정이 있으며, 이 거리는 보관 시간에 따라 최소 0.4m에서 16m까지로 설정되어 있다.

터미널 내 보관 중 위험화물의 손상이나 누출 감지 시에는 누출된 물질을 가능한 빨리 제거하여야 하며, 방사능 물질의 포장파손이나 누출 위험이 있는 경우 반드시 권한이 있는 사람이 취급하도록 하고, 각 단계별로 해당화물을 취급한 작업자 및 담당자, 장비, 주변화물에 대한 보호조치를 취해야 한다.

3.2.2. 위험화물 관련 보고

위험화물의 사고발생 시에는 반드시 관련기관 및 정부기관 등에 신고하여야 하며, 본 규정에서 지정하는 위험화물 발생보고(Dangerous Goods Occurrence Report) 양식에는 사고발생 및 미신고 되거나 잘못 신고 된 위험화물의 반입 등의 상황에 대해 상세하게 기술하도록 하고 있다. 위험화물 운송 시 Operator는 최소 3개월 이상, 관련 서류의 사본 1부 이상을 보관하여야 하며, 보관되어어하는 관련 서류는 다음과 같다.

- 위험물 화주 신고서(Shipper's Declaration for Dangerous Goods)
- 수령 체크리스트(Acceptance checklist)
- 조종사에게 전달하는 문서(Written information to the Pilot-in-command)

다음절에서는 항공화물 터미널을 그 공간적 범위로 하여, 항공화물 터미널 내의 위험화물 보관구역에서 진행되는 프로세스 및 취급현황 등에 대해 살펴본다.

3.2.3. 위험화물 처리프로세스

위험물의 사고여부 감지 및 사후처리를 위한 일반적인 프로세스는 다음 그림과
같다.

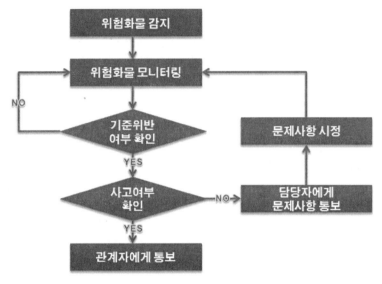

<그림 24> 일반적인 경고프로세스

- 위험물감지 : 위험물의 객체정보(Air way bill No, 위험물 class 및 UN No, 항공기
  편명, 목적지 등)와 위치정보 수집

- 위험물 모니터링 : 위험물의 위치와 상태 모니터링

- 기준위반 여부 확인 : 위험물 관리자에게 알려야 할 기준위반 사항 조사

- 사고여부 확인 : 위험화물의 사고발생 여부 조사

- 관계자에게 통보 : 사고 발생 시 담당자(화물의 packing을 담당하는 checker 및
  load master 등) 및 관계기관(소방서, 항공사, 국토해양부, 경찰서 등)에 통보

- 담당자에게 문제사항 통보 : 사고가 아닌 위험화물 class별 분리거리 기준 위반 등의
  사항은 위험화물구역 담당자 및 해당 위험화물의 load master에게 통보하여 조치할

수 있도록 함

- 문제사항시정 : 통보 받은 담당자가 기준위반 사항을 시정함

　　국내외 항공사의 현장조사 결과, 위험물 구역 내에서의 경고 프로세스는 다음 그림과 같다.

- 작업자의 위험화물 인지 : 위험화물 구역 담당자가 위험화물 구역 내에 입고되는 위험화물을 인지함

- 담당자의 위험화물 순찰 : 담당자가 위험화물 보관 구역 내에 위험화물이 입고 될 때 화물의 class를 확인하여 해당 class의 보관 구역에 보관되도록 작업자에게 지시하고 전체 위험화물 보관 구역을 육안으로 감시

- Checklist 상에 수기 기록 : 위험화물구역 담당자가 DG 화물표 양식에 맞추어 수기로 위험화물의 편명, 출발 시각, 목적지, 담당자 명(위험화물 구역 담당자 본인의 이름)을 기재하여 위험화물에 테이프로 부착

- 시스템에 화물정보 입력 : DG 화물표 작업 후 위험화물 관리 장부에 수기로 편명, 출발 시각, 목적지, 담당자 명(위험화물 구역 담당자 본인의 이름)을 기재한 후 교대 시간에 맞추어 사무실에 제출하면 사무실의 근무인력이 별도의 전산작업을 통해 시스템 상에 위의 정보를 입력함

- 기준위반 여부확인 : 위험화물 구역 담당자 및 checker 가 위험물의 이상, 포장상태 이상 여부 파악

- 사고여부 확인 : 위험화물 구역 담당자 및 인근의 작업자가 위험화물의 누수, 파손 등 사고발생 여부 확인

- 관계자에게 통보 : 사고 발생 시 최초 발견자가 전화 및 무전기를 통해 담당자 및 관계기관(소방서, 항공사, 국토해양부, 경찰서 등)에 통보

- 담당자에게 문제사항 통보 : 사고가 아닌 위험화물 class별 분리거리 기준 위반 등의 사항은 위험화물구역 담당자 및 해당 위험화물의 load master에게 통보하여 조치할

수 있도록 함

• 문제사항 시정 : 담당자가 기준위반 사항을 시정함

<그림 25> 항공사의 위험화물 현황 경고프로세스

IATA의 위험물규정(Dangerous Goods Regulations)에서는 위험화물 간 Class 별 분리보관을 요구하나 많은 국내외 항공사에서 이러한 기준을 지키지 않

는 경우가 많다. 또한 많은 경우 위험화물 보관 구역 내 별도의 사이렌, 경광등과 같은 사고발생 알람시설이 설치되어 있지 않아 사고의 최초 발견과 사고발견 시 주변을 통제하기가 어려우며, 위험물의 이상여부 및 사고발생 여부 등의 모니터링 은 작업자들의 육안에 의존하고 있다.

위험물의 취급 및 관리는 IATA의 위험물규정(Dangerous Goods Regulations) 에 따라 일정 교육을 이수한 작업자에 한해 이루어져야 하지만 일부 국내외 항공 화물터미널에서는 비허가자에 대한 위험화물에의 접근을 있는 경우가 많이 발생하 고 있다. 위험물에 대한 사고의 예방 및 대응은 일반적으로 작업자의 순찰을 통해 위험물의 이상상태 여부 및 사고발생에 대한 발견이 이루어지며, 최초 발견 후 비 상연락망 체계에 따라 담당자에게 전화 및 무전기를 이용하여 담당자 및 관련 기 관에 연락 하도록 하고 있어 향후 센서등의 정보통신기술을 활용한 자동화 감지시 스템의 도입이 시급한 분야다.

3.2.4. 위험물 관리방안

위험화물의 정보를 일반화물과 구분하여 관리 및 취급해야 한다. 위험물은 일반 화물에 비해 직사광선이나 통풍여부, 기온 등의 주변 환경에 민감하고 위험물 간 영향을 미칠 수 있어 별도의 공간에서 보관하여야 하며, 사고발생시 주변화물과 장 비 등에 2차적인 피해를 입힐 수 있다. 또한 위험물은 화학적 성질로 인해 위험물 의 class 간 분리 거리 기준 등 일반화물과 별도로 관리되어야 하는 규정들이 존 재하며, 위험화물은 일반화물의 수출입절차보다 더욱 엄격한 국제기준을 적용받으 며 이에 따라 추가적인 서류 및 관리가 필요하다.

3.3 생동물 (Live Animal)

생동물 (Live Animal)의 운송은 생명이 있는 대상을 다루므로 운송준비 단계에서부터 최종인도까지 세심한 관심과 주의를 필요로 한다. 항공편 예약시에는 생동물의 최대 비행시간을 준수하여 항공편을 예약해야한다. 도착지에서는 신속한 인도 (Delivery)를 위한 사전 준비를 해야 한다. 화주는 IATA 생동물규정(Live Animals Regulations) 및 항공사 별 사전 준비 서류를 준비해야 한다.

3.3.1 생동물 운송 시 준비 서류

생동물 운송 시 준비서류는 아래와 같다. 이러한 서류들은 화주가 사전에 준비해야하며, 서류 미비시에는 운송이 거절될 수 도 있다.

- AWB
  - 다른 화물과 Consolidation 및 Mixed Consignment 불가능
  - 품목란(Nature and Quantity of Goods)에 Common Name(English) 및 수량 기재
- 화주신고서 2부(Shipper's Declaration for Live Animals)
- 서약서 2부(Declaration of Indemnity)
- 생동물 접수 체크리스트(Acceptance Check List) 2부
- 검역증명서 및 건강증명서
- 기타서류: 수입허가서 및 관련 국가, 항공사에서 요구하는 서류

생동물의 포장은 누수확인 및 탈출방지 (Leak Proof and Escape), 배설물 흡수를 위한 흡수제 사용, IATA의 생동물 규정 (Live Animal Regulation)의 컨테이너 조건 (Container Requirement)을 충족하는 포장을 해야 한다. 생동물의 운

송시에는 종별로 알맞은 온도, 환기, 조명이 유지되는 조용한 곳에 보관하며, 지상 조업시 생동물은 눈, 비, 직사광선 등의 극한 환경에 노출되지 않도록 해야 한다. 또한 생동물의 탑재/하기 시, 불요한 소음에 노출되거나 놀라지 않도록 취급해야 하고, 운송 중 안정을 취할 수 있도록 어두운 환경을 조성해 주는게 바람직하다, 사료는 사전에 항공사에 통보해야 하며, 화주가 별도로 공급을 요청해야 한다. 생동물은 천적관계, 독극성/전염성/방사능 물질, Dry Ice 및 극저온성 물질과는 별도의 장소에 탑재되어야 한다.

3.3.2 생동물 운송 금지

국내 항공사의 경우 [표 17]과 같이 생동물에 대한 운송 금지를 규정하고 있다.

[표 17] 국내항공사 생동물 운송 금지 현황

생동물	제한사항
돼지(Pig), 염소 (Goat), 양(Sheep)	여객기 운송 금지
Research Purpose primates Rodent	운송 금지
뱀 (Snake)	여객기 운송 금지
야상에서 잡힌 본토 고유의 새 (Native Birds caught in the wild)	CITES (The Convention on International Trade in Endangered Species of Wild Fauna and Flora) 허가서 첨부/동반 시 운송
병아리 (Baby chicks) / 열대어(Tropical fish)	보온창고 입고 가능 시 운송
원숭이 (Monkey)중 학명이 다음과 같은것 - 아프리카 녹색원숭이(Ceropithecus Aethiops) - 붉은털 원숭이 (Macaca Mulatta)	운송 금지

3.4 중량 화물

개당 150KG을 초과하는 화물은 중량화물로 정의되며, 중량화물은 일반화물과는 달리 형태와 중량으로 인해 출발부터 도착/인도 까지 각별한 취급이 필요하다. 잘 못된 중량화물 탑재 시 항공기 안전운항에 영향을 줄 수 도 있으며, 탑재와 하기 에 많은 시간이 소요되기도 한다. 대부분의 항공사에서는 중량화물 운송 시에는 별 도의 승인을 얻는 절차를 보유하고 있으며, 사전에 탑재에 대한 준비를 하게 된다.

3.4.1 중량화물 예약·접수/반입 시 주의 사항

화물의 예약·접수시, 화물의 Volume/Dimensions과 해당 항공기의 Door size 을 고려하여 탑재가능여부를 사전 확인 한다. 출/도착지 공항의 특수지상조업장비 (Loader, Crane & Forklift) 활용가능 여부와 장비들의 최대용량, 그리고 지상조 업능력 및 공항 시설을 확인해야하며, 연결 편일 경우 항공기 기종도 고려한다. 항 공사는 화물의 형태상 ULD 및 항공기에 고정하기가 불가하거나 위험하다고 판단 이 되면 화물의 접수를 거절하는 경우도 발생한다. 반입시는 실제 반입된 화물의 중량 및 치수 (Dimensions)가 예약과 차이가 없는 지를 확인하고, 차이가 있을 시, 다시 한 번 탑재가능성을 확인하게 된다.

<그림 26> 중량 화물 화주 포장 반입 사례

3.4.2 항공기 탑재 시 유의사항

항공사에서는 항공기에 안전한 탑재와 운항 중 항공기 구조에 중량 쏠림현상을 최소화하기 위하여 별도의 무게 분산 작업을 수행한다. 〈그림 27〉의 왼쪽그림은 화주가 항공사 터미널에 반 입시 1차 무게분산을 반영한 포장을 한 상태이며, 오른쪽 그림은 항공기에 최종적으로 탑재되면서 무게분산이 완료된 상태의 탑재 그림이다. 왼쪽과 비교하여 무게분산을 위한 목재와 Strap이 추가로 사용되었음을 확인할 수 있다.

<그림 27> 중량화물 반입과 항공기 탑재

3.4.3 중량화물 무게분산

무게를 분산하는 방법에는 Shoring과 Tie-Down 방법이 있다. Shoring은 항공기의 제한된 바닥 면적으로 인해 탑재허용범위(Load Limit)를 초과하는 경우, Wooden Spreader/ Steel Beam 등 지지대를 이용하여 접촉 면적을 늘려 Load Limit 범위 내에서 운송을 가능하게 하는 방법이다. Shoring 은 20FT Pallet에 설치하는 것이 일반적이며, 길이가 긴 화물의 경우, Shoring은 앞/뒤 방향으로 설치하고, 인접한 Shoring은 평행하게, 동일 길이로 같은 규격과 재질 사용한다. 이러한 Shoring의 방법은 항공사 마다 별도의 기준을 마련 운영하고 있다. 항공기에 탑재되는 화물은 운항속도와 동일한 속도로 움직이려는 힘이 있다. 따라서 속도에 따라 변동하려는 움직임을 제어해 주어야 한다. 이러한 힘을 제어하기 위하여 Tie-Down을 실시한다. 일반적으로 Tie-Down은 각 Tie-down 방향으로 필요한 tie-down을 실시하며, Tie-Down은 화물의 무게중심에서 대칭적으로 실시한다. Tie-down장비와 Tie-down하고자 하는 화물과는 30도 이상 각도를 이루도록 한다. Tie-Down 역시 항공사 마다 별도의 규정을 두어 운영하고 있다.

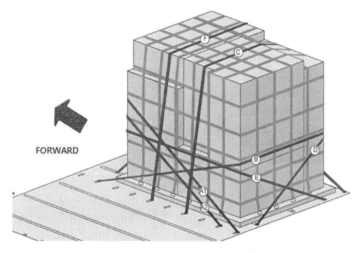

<그림 28> Tie-Down 사례 25)

---

25) Boeing 747-400F Weight and Balance Control and Loading Manual, 2005년, Page. 301

제 4 장　화물 운임표(Tariff)

4.1 화물 운송장 (AWB; Air Waybill)

　화물 운송장(AWB)이란 항공운송인이 운송을 위하여 화물을 수령하였음을 인증하고, 목적지까지 운송하여 지정된 수하인에게 인도할 것을 약정하는 서류이다. 화물운송장의 종류는 항공사가 지정되어 있는 Airline AWB과 발행 항공사에서 항공사명을 기재하여 사용하는 Neutral AWB로 구분된다.

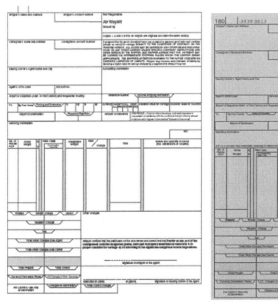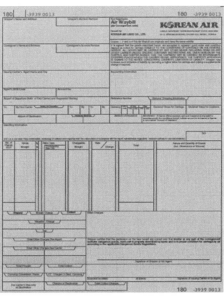

<그림 29> Neutral AWB과 Airline AWB

4.1.1 화물 운송장의 구성

화물 운송장의 구성은 IATA의 표준을 따른다. 최근들어 e-AWB 시행에 따라 간소화 되는 추세이지만 현재까지 대부분의 화주, 포워더, 항공사들은 종이로 되어 있는 운송장을 사용하고 있다. [표 18]와 같이 운송장은 여러 장으로 구성되어 있으며, 화물이 운송되면서 프로세스상에 연관된 이해관계자들이 한 부씩 보관하게 된다.

[표 18] 화물 운송장의 구성

번호	색상	사용자	AWB 용도
원본 1	녹색	발행항공사	- 운송 계약서로 운임 정산, 회계처리
원본 2	적색	수하인	- 목적지로 보내지며, 수하인에게 인도
원본 3	청색	송하인	- 화물 접수 영수증, 운송 계약서
부본 4	황색	인도항공사	- 화물 인도 증명서, 운송계약 이행 서류
부본 5~12	백색	도착지 공항, 운송참여항공사, 발행 대리점 등	- 도착지 세관 신고 - 운송 참여 항공사의 정산 위한 자료 - 발행대리점 보관 - 기타 필요 시 사용

화물 운송장은 화주가 작성하는 것이 원칙이나, 실제로는 항공사나 항공사로부터 권한을 위임받은 대리점(포워더)에서 작성을 하는 경우가 대부분이다. 대리점(포워더)에서 운송장을 작성할 경우 화주신고서(Shippier's Letter of Instruction) 및 신용장(Letter of Credit), 상업서류(Commercial Invoice)등 선적 관련 서류와 일치하도록 작성해야하고 수하인, 송하인, 출발지, 도착지 등 운송장의 필수적 기재 사항이 빠짐없이 작성하여야 한다.

4.1.2 항공화물 운송장(AWB) 내용

화물 운송장은 접수 영수증, 세관 신고서, 운송계약체결 계약서, 보험가입증명서, 운임계산서, 화물 운송의 지침서 역할을 한다. AWB내 기입되는 내용은 [표 19]와 같다

[표 19] AWB 주요 기입 사항

구 분	내 용
Airport of Departure	출발지 도시 또는 공항 Code
Air Waybill Number	운송장 번호
Shipper's Name & Address	송하인의 성명,주소,연락처 등 기입
Consignee's Name & Address	수하인의 성명,주소,연락처 등 기입
Issuing Carrier's Agent Name & City	발행 화물대리점 이름과 도시
Agent's IATA Code	IATA 가입 대리점인 경우 Code기입
Airport of Departure	출발지 공항명 또는 도시명
To	첫 번째 운송 구간의 도착지 공항명
By First Carrier	첫 번째 운송 항공사명
To / By	두 개 이상의 항공편으로 운송 시 각각의 경유지와 운송 항공사명
Airport of Destination	도착지 공항명 또는 도시명
Accounting Information	운송료 지불 방법, 비동반 수하물,화물반송 시 내역 기재
Currency	운임 적용 화폐단위 Code
WT/VAL	Weight와 Valuation Charge 적용
PPD/COLL	출발지 지불 시 PPD, 도착지는COLL
Declared Value of Carriage	송하인 운송 신고가격(종가요금)기재
Declared Value of Customs	송하인 세관 신고가격 기재
Account of Insurance	보험 가입여부 표시
Handling Information	화물포장방법,AWB고 함께 보내는 서류명,화물송에 필요한 정보 제공,위험물(DG)운송 시 표기
No. of Piece	화물의 개수 기입
Gross Weight	화물의 실제 무게 기입
kg/lb	무게 단위표시 kg→K, lb→L
Rate Class	적용되는 화물의 요율 Code
Commodity Item Number	적용 요율에 따른 품목 번호
Chargeable Weight	운임 산출시 적용되는 중량.
Rate/Charge	적용 중량 당 요율
Total	최종 산출 운임
Nature & Quantity of Goods	화물 품목 기입, 용적중량 적용시 Dimension기입,BUC적용 시 ULD 번호 기입
Other Charge	운임외에 적용된 서비스 요금 (보안검색, 유류할증료 등)
Shipper's Certification Box	송하인 또는 대리인의 서명
Carrier's Execution Box	AWB 발행 일자, 발행장소, 항공사 또는 대리점의 서명 기입

4.1.3 운임 적용 조건과 종류

(1) 운임 적용 조건

항공화물은 전 세계를 대상으로 운송되고 있으며, 운송 지역에 대한 상이한 화폐와 국가/지역별로 무게측정 단위를 사용하고 있다. 이에 IATA에서는 항공 운임 적용 조건을 아래와 같이 명시하고 있다.

- IATA 운임조정회의 의결된 운임

- 정부 승인 또는 신고 조건

- 운송장의 발행 당일에 유효한 운임을 적용

- 공항에서 공항까지의 운송만을 위하여 설정

- 출발지국의 현지통화를 적용

- 화물요율은 Kg/lb당 요율로 설정

자료 : IATA TACT(The Air Cargo Tariff) Rule 1.2.2

(2) 운임 적용 중량(Chargeable Weight) 결정

화물 요율 결정 시 운임 적용 중량이며, 실제 중량(Actual Weight)과 용적 중량(Volume Weight)중 값이 큰 운임을 적용한다. 실제 중량은 화물을 저울로 측정하였을 때 표기되는 중량으로 KG적용의 경우 0.001KG ~ 0.5KG 미만은 0.5KG로 절상하며, 0.5KG ~ 1.0KG 미만은 1.0KG로 절상하여 적용한다. LB(Pound) 적용의 경우 0.001LB ~ 1.0LB 미만은 1.0LB로 절상하여 적용한다. 용적 중량은 하물의 최대가로, 최대세로, 최대 높이를 구하여 곱한 수치를 무게로 환산하여 산출 한다 〈그림 30〉.

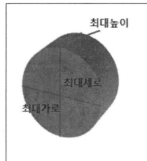

<그림 30> 용적 중량 산출 예시

(3) 운임의 종류

항공화물 운임은 크게 2가지로 구분된다. TACT Rule Book에 고지된 운임과 항공사별로 자체적으로 운영하는 요금(Carrier Flagged Tariff)으로 TACT Rule 요금은 항공화물 요율 및 규정 적용에 가장 기본이 되는 요금이다. Carrier Flagged Tariff 요금은 항공사별로 일부 구간에 대하여 독자적으로 요금을 설정하여 적용하는 공시운임이다. 운임의 체계는 일반 화물요율, 특정품목 할인요율과 같이 화물운송 시장에 공시하여 운영하는 공시 요율(Published Rates)과 항공사 판매를 위하여 대외로 공지하지 않고 사용하는 비공시 요율(Unpublished Rates)로 구분된다. 항공 화물 공시운임의 종류는 [표 20]과 같이 구분된다.

[표 20] 화물 운임 종류

명칭	내용
일반화물 요율 (GCR; General Cargo Rate)	- 특정 할인 적용되지 않는 전 품목
중량 운임(Weight Charge)	- 중량 기준으로 산출된 화물 요금
용적 운임(Volume Charge)	- 부피 기준으로 산출된 화물 요금
최저 운임(Minium Charge)	- 운송 구간에 대한 중량,부피 관계 없이 적용되는 최저금액 요금
종가 요금(Valuation Charge)	- 화물 운송중 분실,도난 등 발생 시 항공사의 책임한도액을 산정하기 위하여 운송신고가격 근거하여 적용되는 요금
구간 요율(Through Rate)	- 출발지에서 도착지까지 총 요율
특정품목 할인 요율 (SCR; Specific Commodity Rate)	- 특정 출발지와 도착지에 적용 - 특정 품목에 대하여 한정적 적용
품목분류 요율 (CCR; Commodity Classification Rate)	- 특정 품목에 대하여 한정적 적용 - 일반화물 요율 기준하여 일정 비 율 할인(R), 할증(S) 적용 한다.
단위탑재용기 운임 (BUC; Bulk Unitization Charge)	- 항공사별, 구간별 별도 운임 산정 - 단위탑재용기(ULD) 별 요금 적용

4.1.4 일반화물 요율 (GCR: General Cargo Rate)

45KG 미만의 화물에 대하여 적용되는 요율로서 모든 화물요율의 기준이 된다. AWB 작성 시 Rate Class 란에 "N"(Normal Rate)으로 표기 한다. 화물요금은 중량이 높아짐에 따라 낮아지는 요율체계를 가지고 있다. 예를 들어 동일구간에 대하여 1개당 50KG인 화물에 적용되는 요율보다 1개당 100KG에 적용되는 요율이 낮게 설정되어 있다. 또한 화물요율 산정 시 실제 운임적용 중량에 해당하는 요율을 곱하여 산출된 운임과 더 높은 중량 단계를 운임 적용 중량으로 산출된 결과의 운임이 낮아지는 경우에는 낮은 결과의 움임을 적용한다(높음 중량단계의 낮은 운

임 적용). 45KG 이상 요율이 적용되는 경우에는 AWB 작성 시 Rate Class 란에 "Q"(Quantity Rate)를 표기 한다.

최저운임(Minimum Charge)는 화물 운송 시 적용할 수 있는 최소한의 운임을 최저운임이라 한다. 운임 적용중량으로 산출된 요금이 최저운임보다 낮은 경우 최저운임이 적용되며 Rate Class란에 "M"(Minimum Rate)으로 표기 한다.

No.of Piece RCP	Gross Weight	K / L	Rate Class Commodity Item No.	Chargeable Weight	Rate / Charge	Total	Nature and Quantity of Goods (incl. Dimensions or Volume)
3	40.0	K	N	40.0	5700	228000	Steel Box DIMS: 30X20X40X3
5	50.0	L	Q	50.0	2.3	115.00	Garment
2	4.1	K	M	4.1	172.00	705.20	Cosmetics

<그림 31> 일반화물 요율 AWB 작성 예시

4.1.5 특정품목 할인요율(SCR: Sepcific Commodity Rate)

특정품목 할인요율은 특정구간에서 특정품목에 대하여 설정되어 있는 요율이다. 이 할인 요율의 적용 목적은 특정 구간에 특정 품목을 할인해 줌으로써 항공화물 운송을 촉진하는데 있다. 특정품목 할인요율은 설정된 최저중량의 제한을 받도록 되어 있으며, 평균적으로 최저중량은 100KG으로 설정되어 있다. AWB 작성 시 Rate Class란에는 "C"(Sepcific Commodity Rate)를 표기한다. SCR적용되는 품목은 별도로 분류가 되어 있다. TACT Rates 2.3과 2.4에 명기되어 있으며 대표적 품목은 [표 21]과 같다. SCR 적용시에는 반드시 품목 번호를 AWB상에 기입하여야 한다.

[표 21] TACT Rates 품목번호 예시

품목번호	품목 내용
0001 ~ 0999	생선, 육류, 채소, 및 과일 제품
1000 ~ 1999	생동물, 동물성 및 식물성 제품
3000 ~ 3999	금속 및 금속제품
4000 ~ 4999	기계류, 자동차 등, 전기제품
6000 ~ 6999	화학제품 및 관련 제품
9000 ~ 9999	기타 품목

No.of Piece RCP	Gross Weight	K L	Rate Class	Commodity Item No.	Chargeable Weight	Rate / Charge	Total	Nature and Quantity of Goods (incl. Dimensions or Volume)
20	200.0	K	C	0300	200.0	4000	800000	Seafood
40	340.0	K	C	0006	340.0	4.5	1530.00	Beverages

<그림 32 > SCR AWB 작성 예시

4.1.6 품목 분류 요율(Commodity Classification Rate)

품목 분류 요율은 몇 가지 특정품목에 대하여 특정지역간에서만 적용되는 요율로써, 일반화물 요율(GCR)의 백분율에 의한 할증(S) 또는 할인(R)요율로 표시한다. 할인품목은 수송빈도가 높은 품목에 주로 적용되며 신문, 잡지, 책, 카탈로그, 맹인용점자책, 비동반 수하물이 해당된다. 할증품목은 추가적인 서비스가 요구되는 품목으로 귀중화물, 유해, 생동물 등이 해당된다. AWB 작성시에는 Rate Class란에 할인 적용은 "R", 할증 적용은 "S"를 기입하며, Commodity Item No 란에 할인/할증율을 기입한다.

No.of Piece RCP	Gross Weight	K L	Rate Class	Commodity Item No.	Chargeable Weight	Rate / Charge	Total	Nature and Quantity of Goods (incl. Dimensions or Volume)
1	4.8	K	R	N50	4.8	0.7	3.36	News Paper
1	150.0	K	S	N200	150.0	12.5	1875.00	Human Remain in Coffin DIMS: 200 X 50 X 40 CM

<그림 33 > CCR AWB 작성 예시

4.1.7 종가요금 (Valuation Charges)

종가요금은 Warsqw Convention과 Hague Protocol에 따라 항공사의 책임한도를 확대하기 위하여 화주가 화물 가격에 따라 추가적인 할증료를 지불하는 요금이다. 항공사는 운송 중 화물의 도난, 파손, 분실 등이 발생 시 종가요금이 신고되어 있으면 이에 근거하여 실손액을 배상한다. 만약 종가요금이 신고되어 있지않은 상태에서 화물의 도난, 파손, 분실 등이 발생하면 SDR 19.00/KG 당 으로 배상하게 된다. 종가요금은 KG당 운송신고 가격을 산출하여야하며, 운송신고 가격은 AWB상 운송신고가격 ÷ 화물총중량 으로 산출한다. 산출된 가격이 SDR(Special Drawing Rate, IMF 특별인출권) 19.00/KG 이하는 종가요금을 적용하지 않고, SDR 19.00/KG 초과 시에는 초과분에 대해 0.75% 종가요금을 부과한다.

종가요금 = {운송신고가격-(총중량 X SDR 19.00)} X 0.0075

4.1.8 단위탑재용기 운임(Bulk Unitization Charge)

단위탑재용기 운임은 항공사의 ULD를 화주 또는 대리점(포워더)가 대여 받아 B/U 작업을 후 화물터미널 반입하는 것으로, 항공사마다 ULD별 적용 운임을 설정하여 운영하고 있다. 요금의 적용은 Main Deck SCD(118 inch),

NCD(96inch), Low Deck, Container Type 운임인 기본운임(Pivot Charge)이 설정되어 있다. ULD운임 적용을 위해 구간별로 각 ULD Type별로 적용되는 운임 적용 최저중량(Pivot Weight)이 있다. AWB 작성시에는 Rate Class란에 Pivot 범위내의 경우는 "U"(Piovt Weight Charge), Pivot 범위 초과는 "E"(Weight in Excess of Pivot & Applicable Rate), ULD 기본 무게는 "X"(Unit Load Device)를 표기한다. 또한 "Nature and Quantity of Goods"란에 ULD 번호를 기입한다.

No.of Piece RCP	Gross Weight	K / L	Rate Class	Commodity Item No.	Chargeable Weight	Rate / Charge	Total	Nature and Quantity of Goods (incl. Dimensions or Volume)
2	1798.0	K	U	5	1690.0	5895900	5895900	PMC4563ZZ
	130.0		X					
	620.0	K	U	8	680.0	2372000	2372000	AKE0313ZZ
	118.0		X					
			E		48.0	3000	144000	

<그림 34 > BUC AWB 작성 예시

제 5 장　항공물류의 개선을 위한 방안들

5.1 IATA(International Air Transportation Association) 의 StB(Simplifying the Business)

IATA에서는 StB를 주제로 항공 전반에 걸친 프로세스 간소화를 위한 프로그램을 추진하고 있으며 아래의 〈그림 35〉는 2006년 IATA의 보고서로 각 세부 주제별로 프로그램의 완성의 목표기한을 나타낸다.

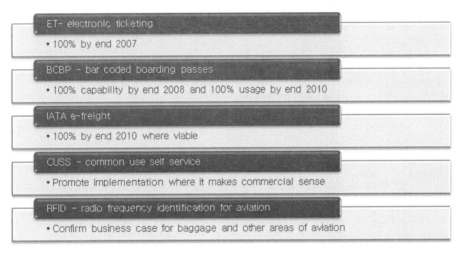

<그림 35> IATA의 StB를 위한 세부 주제별 완성 목표 기한

프로세스 간소화를 통한 효과로는 다음 〈그림 36〉과 같이 비용 절감의 효과가 있을 것으로 기대하고 있다. 세부 프로그램 중 'e-Freight'는 항공물류 프로세스 간소화 부분으로 현재 6개국이 시범운영을 하고 있으며 우리나라는 7번째 시범운

영 국가로 선정되어 관세청, 항공사, 포워더, 부가가치망 사업자 등이 태스크 포스 (taskforce)를 구성하여 추진전략을 수립하고 있다.

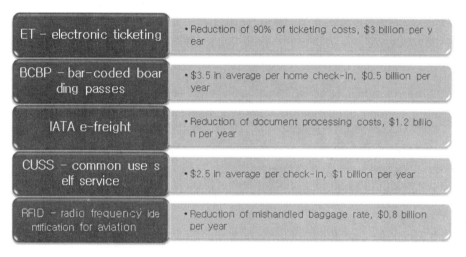

<그림 36> StB. 세부 주제별 절감효과

5.2. IATA e-Freight Strategy

5.2.1. 개요 및 배경

오늘날의 항공 물류는 서류에 기반을 둔 프로세스로써 수많은 이해관계자가 개입하여 통상적으로 30개 이상의 문서처리가 요구되며 주요 문서만 하더라도 다수 존재하고 동일한 정보를 반복 사용하고 있다.

PRIMARY Documents	Consignor	Reg Auth	Forwarder	Customs Out	Airline	Broker	Customs In	Consignee
Document Raised By □ / Document Viewed By ✓								
Shippers Letter of Instruction	□		✓		✓	✓		
House Air Waybill	✓	✓	□	✓	✓	✓	✓	✓
Master Air Waybill (Consolidation)		✓	□	✓	✓	✓	✓	
Air Waybill (Single)	✓	✓	□	✓	□	✓	✓	✓
Commercial Invoice	□		✓	✓			✓	✓
Packing List	□		□	✓			✓	✓
Proforma Invoice	□		□	✓			✓	✓
Flight Manifest		✓		✓	□			
House Manifest		✓	□	✓	✓			✓
Import Goods Declaration	□	✓	□	✓			□	✓
Import Cargo Declaration		✓		✓			✓	
Export Goods Declaration	□	✓	□	✓			□	✓
Export Cargo Declaration		✓		✓	□		✓	
Customs Release	✓		✓	□	✓	✓		✓
Airline Delivery Note			□		□	✓		✓
Forwarder Delivery Note			□					✓
Forwarder Pickup Note			□					

<그림 37> 항공물류 프로세스 상의 주요 문서들

문서작업으로 인한 업무 처리속도 저하나 보안 비용의 증가와 같은 문제에 대하여 IATA는 보다 더 효율적이고 효과적인 프로세스를 정립하도록 화주, 포워더, 운송사, 항공사 세관 및 정부 관련기관을 대상으로 IATA e-Freight project를 시행하기로 하였다. e-Freight의 목표는 항공물류 Supply Chain에서의 하드카피 된 서류를 제거하고 현재의 프로세스를 개선함으로써 이해관계자 간의 정보 전달을 전자문서의 형태로 대체하여 프로세스의 간소화 및 비용 절감을 도모하는 것이다. IATA의 조사에 의하면 항공화물에 있어 과다한 문서의 발생과 문서의 중복이 발생하고 문서의 변환과 입력 과정이 불필요하게 발생함으로 오류가 높다고 한다. 다음은 오류의 예이다.

- 한 항공기에 탑재되는 화물에 대하여 100건이 넘는 FWB(Full Airwaybill Data)가 보고되는 경우가 발생

- 한 항공사의 경우 FHL(Full House airwaybill Data)의 38%, FHL의 21%가 중복되는 문제가 발생

- 2005년 조사된 바에 의하면 5% FWB, 9%의 FHL이 오류가 발생함.

IATA에서는 항공물류 간소화를 위한 무서류화로 전세계적으로 12억 달러의 절감효과가 있을 것으로 예상하고 있다. 무서류화의 1차 단계로 2010년까지 Paper-free 단계를 추진하고 2020년까지 print-out 된 서류가 하나도 없는 상태인 Paperless 단계를 추진할 예정이다. IATA에서는 참여국 중 최초의 5개 지역인 캐나다, 싱가폴, 홍콩, 영국, 뉴질랜드의 세관 업무가 추후에 참가할 다른 나라의 세관 정보도 포함할 수 있을 것이라 판단하고 세관에 전송되는 항공화물 정보를 기준으로 세웠다. 현재의 참여국은 수가 적으나 추후에 전세계적으로 EDI 메시지가 오갈 것을 감안하여 Montreal에서 정한 국제 화물에 대한 다음의 EDI의 두 가지 표준을 기본으로 한다.

- MP4 : Montreal Protocol No.4
- MC99 : Montreal on 28 May 1999

한편 e-Freight 적용을 위한 화물터미널의 To-Be Business Process에 대한 표준을 정하는 작업 중이다.

5.2.2. 목표

IATA의 e-Freight Strategy는 궁극적으로 Paperless의 업무환경이 구축되는 것을 목표로 하고 있으나 현재 프로세스 상 원본이나 사본이 실제 서류로 필요하거나 전자화 되어 처리되는 문서도 때때로 출력을 해야만 하는 업무가 발생해 e-Freight에서는 Paperless의 중간 단계로 Paper-free 환경을 2010년까지 이루는 것을 목표로 설정하였다.

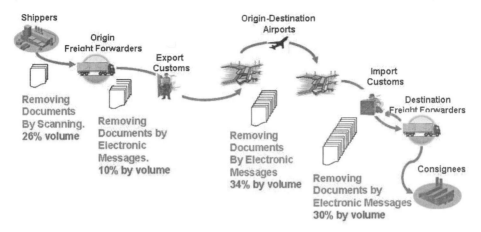

자료 : IATA, Simplifying the Business(Programme Update January 2008), 2008

<그림 38> IATA e-freight 도입 성과

(1) Paperless

• 항공물류 이해관계자간 또는 실제 화물이 처리되는 현장에서 발생하는 정보의 이동이
나 인증에 종이로 된 서류를 일체 사용하지 않는 단계로 법적인 장치나 제도를 통하
여 이를 뒷받침함.

(2) Paper-free

• 서류 전자화라는 맥락에서는 Paperless와 동일하나 현실적으로 종이로 된 서류가 꼭
필요한 프로세스를 제외하고는 Paperless로 가기 위한 모든 환경이 뒷받침되도록 서
류작업 등을 제거하거나 줄이는 단계임.

• Paperless로 가기 위한 Paper-free의 단계를 설정함으로써 종이서류 기반의 환경에
서 전산화된 프로세스로의 전환에 요구되는 어려운 문제점들을 일시적으로 해결해 줄
수 있고 Paperless에서 얻을 수 있는 프로세스 간소화나 비용 절감 등의 효과도 얻
을 수 있을 것으로 기대함.

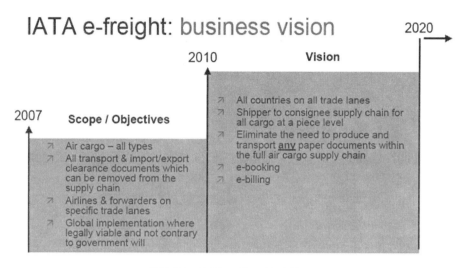

<그림 39> IATA e-Freight의 Vision

5.2.3. e-Freight Benefit

e-Freight를 도입할 경우 이해관계자별로 예상되는 이득은 다음과 같다.

(1) 화주

• 물류 Visibility 향상에 의한 생산/재고 관리 프로세스 개선

(2) 대리점

• 서류 취급 시간/인력 관련 비용 절감 및 업무 생산성 제고

• 신속한 화물 접수/운송 및 Visibility 향상

• 대고객(화주) 서비스 향상

(3) 항공사

- 운송 서류 Paperless화를 통해 인력 및 비용 절감, 생산성 향상

- 화물 운송 프로세스의 간소화로 고객 서비스 개선

- Air Waybill Data Capture 비용 절감 및 사전 정산 프로세스 확립(가격 데이터 사전 확보)

- House Air Waybill 단위 처리로 높은 수준의 고객서비스 제공 및 데이터 활용

(4) 세관 및 정부기관

- 빠른 세관 심사 및 절차 간소화

- 항공 보안 관련 절차 간소화 및 Quality 제고

5.2.4. 실행방안

IATA에서는 e-Freight 프로젝트를 실행하기 위해 다음과 같이 전략적인 목표와 전술적인 목표로 나누어 분류하였다.

- 전략적인 목표는 e-Freight 실행을 위한 기반을 마련하는 것으로 e-message, 현실적인 기술수준, 실행원칙 등의 산업기준을 마련하거나 정립하는데 있으며 회원국 정부에 e-document를 실행하기 위해 필요한 인프라를 구축하고 법적인 요소들과 국제표준을 도입을 요청하는데 있음.

- 전술적인 목표는 프로젝트를 실행하고 기술지원을 통한 빠른 적용에 중점을 두고 있음.

5.2.5. 프로젝트 구조

- IATA는 e-Freight 프로젝트의 세부 목적들을 수행 및 관리하기 위하여 법률분야, 경영분야, 기술분야, 수행분야 네 개의 팀을 구성하였음.

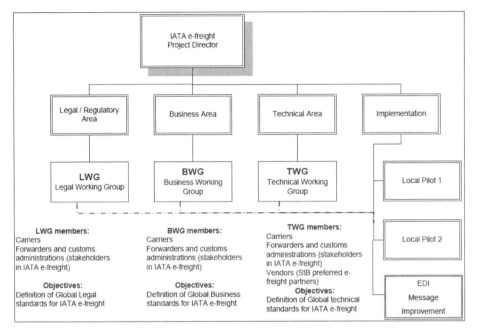

<그림 40> IATA e-Freight Project의 구조

- IATA는 Simplifying the Business 프로젝트를 추진하면서 항공물류 간소화 방안으로 항공서류의 무서류화로 e-freight를 수행 중에 있어 현재 분석된 항공물류 프로세스의 TO-BE 모델 도출 시 도입

- 항공물류 프로세스의 화물 부분에서 BUP 등의 화물의 흐름 시 대기/지연의 발생 가능성이 높은 프로세스의 간소화를 추진해야 함.

5.3. Cargo 2000

Cargo 2000 (C2K)는 프로그램 참여자간에 합의된 표준화된 비즈니스프로세스와 자동화된 표준 프로그램의 실행을 통해, 고객 서비스를 향상 시키고, 비용을 절감시키고, 항공화물산업의 효율을 증대시키기 위한 항공화물 공급망의 품질 표준(Quality Standard)을 의미한다.

[표 22] Cargo 2000의 3단계

Phase	Chain정의	모니터링 수준
1	공항과 공항간 (Airport to Airport-A2A)	Master AWB 레벨수준의 선적계획과 추적
2	출발지에서 도착지까지 (Door to Door-D2D)	House AWB 레벨수준의 선적계획과 추적 (Example of 3 HAWB)
3	출발지에서 도착지까지 (Door to Door-D2D)	문서추적과 함께 piece레벨의 선적 계획과 추적

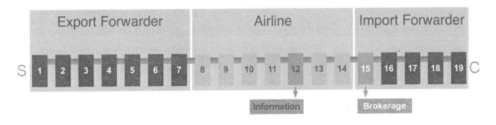

<그림 41> Cargo 2000의 종합운영계획 (Master Operating Plan) 출처: http://www.iata.org

위 그림은 Cargo 2000의 종합운영계획을 나타내는 데 출발지의 수출 포워더 (export forwarder)가 화주('S': Shipper)로부터 화물을 인도 받아 항공사 (Airline)를 통해 도착지 수입 포워더 (import forwarder)를 통해 고객('C': Customer)에게 전달하는 과정까지를 단계별로 나타낸다. Cargo 2000의 현재의 단계는 phase 1과 phase 2의 경우 계획대로 운영되었으며, phase 2의 경우 매 달 백만건이상의 항공운송장 (HAWB) 이 멤버기관에서 운영되고 측정되고 있다. 다음의 그림은 phase1 과 phase 2의 업무범위를 나타낸다. Phase 3는 MOP를 기반으로 이루어 지며, 화물의 흐름과 문서의 제어, paperless환경 (e-freight), piece 단위의 화물 스캔(RFID나 바코드), 보안 컨트롤 등을 목표로 하고 있다.

Phase 2: 화주 -> 공항	Phase 1: 공항과 공항	Phase 2: 공항 -> 고객
포워더 예약 (Forwarder Booking)	예약 (Booking)	수입허브창고에 도착
Root Map생성 (Create Route Map)	Root map 생성 (Create Root Map)	3자에게 통지
고객으로 부터 화물 픽업	항공운송장 생성(Creation of MAWB)	3자에게 문서인계
포워더의 창고에 도착	출발지 공항에서 화물체크	수입허브 창고에 트럭도착
수출화물창고에 트럭도착	화물이 항공기에 적재 확인됨	수입 창고에 도착
수출허브창고에서 수령	목적지 공항에 항공기 도착	배송을 위해 화물 반출
수출허브창고에서 트럭출발	목적지 공항에서 화물 수령	배송 확인
전자항공운송장 (Electronic MAWB) 전송	목적지 공항에서 문서 수령	
전자 적하목록의 전송(Electronic Manifest)	화물과 문서가 포워더의 픽업을 위해 대기	핵심성과지표- 약속된 배송일
출발공항에 트럭도착	문서가 포워더에게 인도	
	화물이 포워더에게 인도	

<그림 42> Cargo 2000의 종합운영계획 (Master Operating Plan).

출처: http://www.iata.org

　　Cargo 2000의 운영에서 중요한 단계중의 하나가 root map의 작성인데, root map은 예약(booking)이 될 때, 해당 서비스가 서비스에 대한 기준을 만족하는지를 확인할 수 있도록 각 phase의 체크지점과 시간을 결정하고, 그 화물의 해당 경로를 정의하는 것이다. 아래의 그림은 root map을 나타낸다. Root map은 처음에 출발지와 목적지가 정해진 후 포워더가 미리 정의된 offset을 사용하여 root map을 정의한 것을 나타낸다.

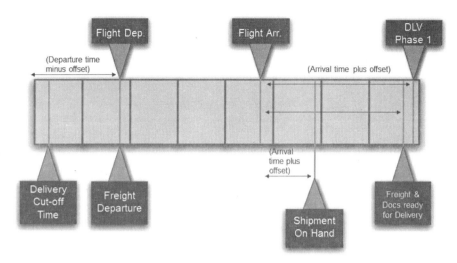

<그림 43> Cargo 2000의 Root Map생성. 출처: http://www.iata.org

5.4. 항공물류 화물 부분의 프로세스 간소화 방안 및 사례

화물터미널 조업사에게 집중된 화물의 Weighing과 Build-up 작업 등을 포워더 나 콘솔사 단에게 분산시킴으로 항공화물 부분의 Queue를 감소시킬수 있으며, 화물의 오류(파손, 분실)의 감소로 인한 업무 감소 효과를 거두어 들일수 있다. 본 절에서는 최근 많이 도입되고 있는 프로세스 간소화의 개념을 설명한다.

5.4.1. RFC, BUP, BUC의 개념

(1) RFC(Ready For Carriage)

- 복합운송주선업자가 수출항공화물을 항공기에 기적(탑재)할 수 있도록 처리하는 모든 종류의 작업을 말함

  - 포장, 포장표기, 라벨링, 서류작업, 화물분류 및 적입·빌드업(파렛트적재), 창고- 화물터미널 운송

⑵ BUP(Bulk Unitization Program)

- 일반적으로 화물 터미널에서 단위탑재용기에 Build-up 작업을 하는 것을 포워더나 콘솔사 단에서 Build-up 작업까지 완료 후 화물 터미널에 입고시키는 행위로 BUP 화물은 화물 터미널에서의 Build-up 작업 없이 항공기에 적재함.

⑶ BUC (Bulk Unitization Charge : 단위탑재용기요금)

- 단위탑재용기(ULD)별로 중량을 기준으로 요금을 미리 정해 놓고 판매하는 방식
- 8종류의 ULD 타입별로 한계중량(Pivot Weight)을 설정해 놓고 그에 따른 요금을 책정하여 이를 사용하는 대리점이 화물을 채우든지 못 채우든지 상관없이 그만큼의 금액을 지불하는 것

5.4.2. 우리나라 항공물류 실무에서의 RFC, BUP, BUC의 적용

RFC는 포워더나 콘솔사 영역에서 기적하기 위해 화물을 준비하는 과정으로 국내 현업에서 쓰이는 의미는 포워더/콘솔사와 항공사간에 협약을 체결하여 화물의 중량을 포워더/콘솔사 단에서 측량한 정보를 그대로 사용하여 화물터미널 내에서 개별 AWB 단위 Weighing 작업 없는 프로세스이다.

반면에 BUP는 ULD에 Build-up 작업 후 화물 터미널 입고까지를 의미하나 요율을 IATA에서 의미하는 BUC기준으로 사용하지 않고, 우리나라 내에서 정한 요금을 사용하여 ULD에 적재한 화물의 부피를 기준으로 요금을 부과하고 있다.

BUC는 BUP에 대한 요금의 개념이나 우리나라에서는 BUP에 대한 요금이 따로 존재하고 BUC는 IATA가 정한 요율로 ULD 한 단위당의 사용 비용으로 BUP보다 비용이 비싼 경우가 많아 우리나라의 경우 활성화 되어 있지 않다.

5.4.3. 해외의 BUP 사례

(1) 루프트한자 화물터미널(Lufthansa Cargo)

- BUP도입으로 인한 화물터미널의 업무량 감소로 프로세스 간소화 효과가 있음.

  - 포워더/콘솔사 단에서의 build-up 작업으로 화물터미널에서 화물을 처리하는 시간이 평균 35% 감소됨.

  - 화물의 파손이나 도난이 줄어들기 때문에 화물 프로세스 시 발생하는 오류에 대한 업무가 감소됨.

- 포워더/콘솔사의 프로세스 개선 효과가 있음.

  - 화물터미널 입고 마감시간에 여유가 생겨 화물을 혼재하는데 더 많은 시간을 할당 할 수 있음.

  - 화물을 포워더/콘솔사의 고객에게 더 빠르게 전달 가능함.

  - 다양한 종류의 팔레트와 요율을 선택 가능함.

  - 팔레트 사용률이 높아져 비용의 감소 효과가 있음.

(2) DHL Global Forwarding

- 나리타 화물 센터에서 2005년 외국 포워더 중 처음으로 Build-up 허가를 받아 간사이 국제 공항에서 BUP 프로세스를 이용하고 있음.

- 일본에서 항공사와 협약을 맺어 BUP 활용도를 높여서 항공물류 프로세스의 시간감소 효과와 오류로 인해 발생하는 업무가 감소됨.

  - 목적지에서 화물 환적을 하는데 소요되는 시간을 줄임.

  - 화물의 도난과 파손이 줄어들었음.

http://www.dhl.co.jp/publish/jp/en/press/press/press_releases_2/2007/20070717.high.html

<그림 44> DHL Global Forwarding의 BUP자료

그 외에도 홍콩의 경우 화물의 90%가 BUP임

5.4.4. 국내 항공물류 프로세스 간소화 기술 사례

(1) 인천국제공항 항공화물 RFID 선도 시범사업[26]

항공화물 운송용기인 ULD(Unit Load Device : 단위탑재용기)에 RFID 기술을 적용하여 항공사의 항공화물처리 시스템의 개선과 자동화된 ULD 관리기능을 제공하기 위한 사업이다. 항공화물 통관의 자동화된 처리와 화물 처리정보의 제공을 통하여 경쟁력 있는 항공물류체계 및 정보 활용 시스템 구축을 목표로 하였으며 내용은 다음과 같다.

- 국제기술표준(ISO 18000-6, 18046) 규정 및 국제항공운송협회(IATA)의 ULD(Unit Load Device : 단위탑재용기)에서의 RFID 사용 권고안(IATA Recommended Practice 1640)에 준거한 RFID 리더/태그의 인식률 테스트 ULD 재고관리, 추적관리, 중량 체크, 항공기 적재 검증 등 화물터미널 내 현장 작업자용 조업지원 RFID 시스템 구축

---

26) 한국정보사회진흥원, RFID 시범사업 종합결과보고서, 2007

- RFID 자동 인식 데이터를 활용한 항공사 화물터미널 관리시스템과 화물추적시스템을 연동하여 국적항공사를 통해 수출되는 항공화물의 처리과정을 RFID로 추적 관리하는 시스템 연동 테스트

- 컨테이너 및 팔레트 유형별로 최적의 위치에 RFID 태그를 부착하고, 26곳의 포인트에 RFID 리더를 설치

<그림 45> 항공화물터미널 RFID 장비 부착 사진

- 항공화물터미널 내부에 설치된 24대의 리더가 동시에 동작할 경우 혼신의 영향이 상당히 커지게 되어 전체 인식률의 저하를 가져올수 있어 zone planning시도

- 항공물류에 RFID 기술을 적용하기 위해서는 환경에 대한 체계적인 분석을 바탕으로 적절한 장비의 도입 및 시스템 구성이 이루어져야 할 것으로 분석되었음.

- 보다 효율적으로 RFID 기술을 적용시키기 위해서는 비즈니스 프로세스를 고려하여 현재의 프로세스보다 간소화된 프로세스 개발이 필요할 것으로 판단되었음.

(2) 무서류화를 통한 서류작업의 간소화(아시아나항공 – 범한판토스물류)

아시아나항공과 범한판토스물류 간의 무서류화(전자문서화) 시스템을 도입하여 2008년 2월 18일부터 시행하였고 이전에 비해 서류 출력 및 보관 등의 시간과 비용의 감소, 인력절감의 효과 등 프로세스 간소화의 효과가 있었다.

- 적용대상: 서류가 전자문서로 전달되는 것을 고려하여 RFC로 계약된 포워더를 대상으로 하고 도착지 통관 시에도 해당 국가의 파트너에게 전자문서로 전달하여야 하기 때문에 미국, 일본, 호주, 홍콩, 런던, 비엔나, 암스테르담 등의 국가를 대상으로 함.

- 항공물류 프로세스 상에 필요한 문서 중 민간문서인 FWB, FHL을 대상으로 함.

- 수행방식: 포워더가 화물반입 1시간 전까지 MAWB와 House Manifest를 VAN사에 송신하면 VAN사에서 상기 서류의 오류를 점검하여 항공사에 송신 후 항공사에서 반입예약.

- 포워더가 화물 반입 시 보안각서와 Weight Slip을 제출하고 항공사에서 화물인수 시 예약된 내용을 확인하여 상기 서류를 접수함.

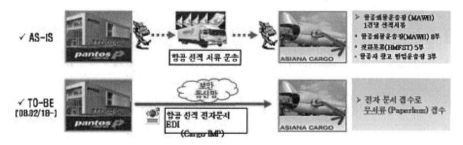

자료: 파이낸셜 뉴스, "범한판토스, 항공물류 모두 전자문서로", 2008.02.14.

<그림 46> 항공 선적 서류 Paperless 도식도

5.4.5. 국외 항공물류 프로세스 간소화 기술 사례

(1) Cargonaut(네덜란드 스키폴 공항)

- EDI Messaging: 표준화된 EDI 메시지를 통한 항공물류 이해관계자 간의 정보 전송 함으로써 기존보다 빠른 문서 전송을 하고 서류의 표준화를 통해 문서의 가공 작업이 개선됨.

  - 네덜란드 국내 연동 이해관계자 : carriers and logistics service providers, airlines, dispatchers, customs

  - 네덜란드 국외 연동 이해관계자 : other government institutions, integrators, shippers, haulage companies, general sales agents, partners and clients

- Pouch: e-Pouch 개발을 통해 IATA e-freight 시스템에 문서 표준으로 자동변환을 통하여 문서가공의 프로세스를 간소화하였고, e-freight 표준을 따름으로써 추후에 세계적으로 서류의 연동이 가능하게 함.

  - C/I, P/L, 원산지 증명서 등의 서류를 e-Pouch를 통해 서류 변환

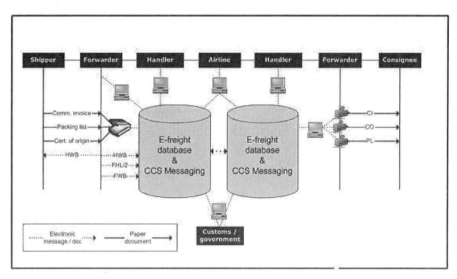

자료: http://www.cargonaut.nl/index.php?e-pouch_uk

<그림 47> e-Pouch를 통한 IATA E-freight와의 연결 모델

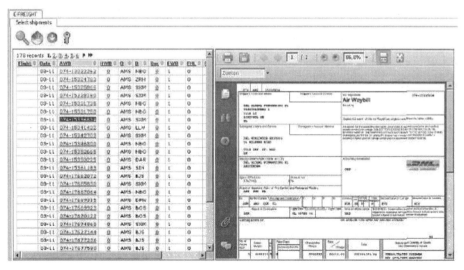

자료 : http://www.cargonaut.nl/index.php?e-pouch_uk

<그림 48> e-Pouch를 통한 FWB 업로드

- Track & Trace

Track & Trace 기술을 이용하여 항공물류 이해관계자들에게 화물 위치 정보를 제공함으로써 이해관계자들의 만족도를 높이고 전산 자동화된 정보제공시스템으로 다음과 같은 영역들에 프로세스의 간소화로 인한 개선을 이룸.

- Airwaybill Tracking

- AWB No.를 통한 화물의 위치 추적

- 화물의 위치 정보 시스템을 이용한 업데이트

- BLK(On Blocks), RCF(Received Onn Flight), AWD(Airwaybill Deivered) 등으로 정보표시

- Shipment Tracking

- 주어진 권한에 따른 정보 취득 방법 및 내용을 달리함.

- Flight number, MAWB/HAWB no., 통관번호 등 사용

- PDF 파일을 통한 AWB/통관 등의 정보를 가시화 함.

(2) Fraport(독일 프랑크프르트 공항)

- 포워더 및 각 물류 주체들을 위한 단위 시스템 영역별 최적화 및 특화된 서비스 시스템을 구축하여 운영하고 있음[27]

- 전자화된 송장 (Electronic Invoicing): 전자송장 등의 항공물류의 정보화 시스템을 이용하여 정보교환 체계 구축함으로써 기존의 서류작업을 줄이고 서류전송 등의 시간 등을 감축함.

- 송장에 대한 전자영수증화, 송장 처리 상황을 실시간으로 제공

- IATA Invoice Work와의 시스템 연계로 전자화된 송장체계 : 유럽전역에 걸친 전자송장

- 독일세관의 통관시스템과의 연동하여 통관대행 서비스를 통한 시간, 비용의 절감

- 전산화된 시스템을 통환 화물 정보관리: Barcode 시스템을 이용한 화물의 위치 관리

---

27) "공항물류 협업시스템 구축방안 수립(ISP) 사업 최종보고서", 건설교통부. 2006

함으로써 화물위치 정보를 신속하게 파악하고 시스템을 활용하여 화물의 이동경로에 효율성을 높임.

- 화물의 정보 및 위치를 핸드 터미널을 이용 시스템에 입력함으로 real-time으로 화물 추적 및 관리

- 시스템을 활용한 화물의 최단경로 계산

- SCOPE(Smart Cargo Operating System): 도입을 위하여 화물관리를 전산화함으로 써 화물별로 관리 및 프로세스의 효율성이 높음

- 화물의 종류(동물, 위험물, 귀중품)에 따른 화물관리 방법을 시스템으로 제공

- 화물 관리 규정, 서비스 레벨을 시스템에 적용시켜 통관작업을 신속하게 진행

- RFID를 도입하여 항공화물터미널 시설물을 관리하게 됨에 따라 화물 장비 위치 추적 및 정비가 효율적으로 운영되어 화물 프로세스에서의 오류율이 감소됨으로 프로세스의 신속화가 가능해짐.

(3) 국외사례를 통한 시사점

- 정보메세지를 표준화하여 기존에 발생하던 중복되는 프로세스를 줄이고 정보 전달에 걸리는 시간을 단축시킴.

- 항공물류 이해관계자 간의 정보메시지 표준화가 필요함

- 정보메시지의 표준화를 통해, 문서의 가공, 변형의 시간 감소 및 수작업의 감소로 인한 오류율 감소

- 세계적인 항공물류 프로세스 간소화 프로젝트에 참여하여 e-freight의 문서 형식으로 변환 가능하도록 시스템을 구축함.

- e-freight는 세계적인 표준으로 발전하고 있음.

- Track & Trace: 항공화물 이해관계자들의 위치추적에 대한 요구가 증가함으로 인해 정보제공의 필요성이 증대하였고, 화물의 위치 정보를 전산화함으로써 프로세스의 간소화가 가능해짐.

- 개별 회사 단위의 이해관계자를 대상으로 항공물류를 혁신함으로 인해 항공물류 이해 관계자 전반에 걸친 무서류화나 간소화가 진행되지 않음.

- IATA의 e-freight가 앞으로 국제표준이 될 가능성이 높아짐에 따라 시스템을 e-freight와 연동 또는 문서의 표준이 자동 변환 가능하게 함.

- 현재의 실시간 화물 위치 정보 제공에는 프로세스 간의 단절 가능성이 높아 보다 구체적인 Track & Trace 정보 제공 요구 증가

5.4.6. 최근 전자상거래 기업의 물류트렌드

글로벌 전자상거래 플랫폼 업체들은 자체 물류서비스 체계를 구축함으로써 서비스 품질 제고와 비용 합리화 및 사업정보 확보를 도모하고 있음.

[표 23] 최근 물류 트렌드(1)

구분	내 용
아마존	· 판매자가 아마존 물류센터에 상품 입고 후 판매를 진행하는 FBA(fulfillment by amazon) 서비스 도입으로 아마존 물류센터 내에서 상품 보관, Pick & Pack, 배송, 교환, 반품 및 고객응대 등 전체 물류 프로세스를 원스톱으로 처리 · 화물항공사 '프라임 에어(Amazon Prime Air)'를 설립하여 자사 물량 직접 운송
알리바바	· 중국 내외 3,000여개의 물류업체들을 네트워크로 연결하는 거대 개방형 물류 플랫폼 Cainiao (차이냐오)를 구축하여 중국 12개 도시에 당일배송 서비스를 제공 (2016년 9월 현재) · 중국 전역 24시간 이내 배송, 해외 주문은 72시간 이내 배송을 목표로 함 · 티몰, 타오바오 등에 주문이 접수되면 차이냐오 물류정보 시스템을 통해 택배사별 배송 역량과 지역별 주문량 등이 계산되어 자동으로 각 물류업체에 배달 물량이 할당됨
월마트	· 무료배송 서비스인 Shipping Pass를 통해 이틀 내 물품배송 추진 · 외주 3PL이 아닌 월마트 보유 유통센터를 이용하는 형태
타오바오	· 자체 물류회사가 아닌 제3자 물류회사와의 연계를 통해 배송서비스 제공 · 국내외 제3자 물류창고, 택배, 소프트웨어 등 물류기업들과 연합하여 서비스 연맹을 구성

- 일부 항공사 및 대형 물류업체는 전자상거래 플랫폼 업체 또는 우정당국과의 협업 및 자체 포털 서비스제공 등 전자상거래 시장 진출을 통한 사업영역 확장과 화물수요 증대를 도모하고 있음

[표 24] 최근 물류 트렌드(2)

구 분	내 용
중국 남방항공	· 항공사를 통해 해외시장(미국, 일본, 호주, 뉴질랜드, 독일 등)에서 상품을 구매할 수 있는 새로운 전자상거래 포탈 서비스 제공 · 2015년 1월부터 국경 간 전자상거래 업체와 해외의 생산 및 공급업체와 함께 B2C 사업 및 운송 채널 구축을 위한 협업을 진행 중임 · 해당 플랫폼의 활성화를 통하여 화물 운송 수요 및 물량 증대를 기대하고 있음
독일 루프트한자	· 상대적으로 부피가 큰 화물(스포츠장비, 이사짐 등)을 운송하고자 하는 개인 고객을 위한 개인용 항공화물 서비스 'myAircargo' 서비스 출시, 항공운송, 수출입 통관, 문전 배송까지 일괄적으로 통합 패키지 운송 서비스 제공 · B2C 항공화물 시장 겨냥, 우편 서비스와 포워딩 서비스 사이의 혁신적인 틈새시장 공략
호주 Post	· 아라맥스와 호주 포스트 간 합작회사를 설립, 세계 전자상거래 배송 플랫폼을 구축하여 국내 (호주) 및 아시아에 걸친 시장을 선도하는 것을 목적 - 아라맥스(Aramex)는 1982년 설립된 중동지역 최대 물류업체로 통합물류 솔루션, 국제 및 국내 특송, 화물 포워딩, 물류정보 솔루션 및 전산망 서비스 등을 제공 · 호주지역의 택배서비스 자격을 취득하고, Mail Call Couriers를 인수하는 등 아시아 전자상거래 시장에 초점을 맞추고 있음

5.5. "AIRCIS 운영 및 e-Freight 구축"사업

국토교통부 및 인천공항공사는 AIRCIS의 고도화 및 운영사업을 공동으로 수행 중에 있으며, 그 구체적인 내용은 다음과 같다.

- 항공물류정보의 AIRCIS 기반 정보 Hub 구현을 위하여 포워더 및 항공사 중계망 구축

- e-Freight 시스템 구축으로 물류프로세스 개선 및 비용절감을 통한 물류기업의 경쟁력 강화를 도모. 국토해양부, 공사 및 IATA(국제항공운송협회)는 AIRCIS를 국내 e-Freight 기반 플랫폼으로 구현하도록 하는 양해각서를 체결('10.3.12)함.

5.5.1. FTZ 운영 전산화 및 AIRCIS 시스템 운영

인천공항 자유무역지역 운영 업무의 전산화를 통한 업무 효율성 증대 및 입주기업과 공사간 정보채널 확보가 시급하며, 물류단지 기업유치를 위한 오프라인 마케팅 활동을 지원할 수 있는 온라인(또는 Cyber) 마케팅 툴을 개발할 필요가 있다. AIRCIS 시스템은 Web 기반의 시스템으로 항공물류정보 통합제공으로 물류기업을 지원하고 국가 경쟁력을 강화하고자 국토교통부에서 '07년도 구축하고 공항공사가 운영을 담당하고 있다. 2012년 현재 시스템 고도화 사업이 추진되고 있으며, 항공사 및 포워더 등 물류기업의 업무편의 증대를 위하여 EDI 기반의 메시징 시스템을 구축 중에 있고, 구축 상세내용은 다음과 같다.

- 포워더 연계 인프라 구축(메시징센터, 전자문서 표준화 등)

- FIS 연계모듈 배포

- 대형화주 Visibility 제공

- e-AWB 서비스(HAWB의 전자문서화)

- mAIRCIS(모바일 업무 지원_조업정보 등)

- 장비도입(웹방화벽, DB보안 솔루션 등)

5.5.2. AIRCIS 운영 대상 업무내역

(1) 시스템 운영

- 시스템 운영 : 시스템의 안정적인 운영 및 모니터링

- 외부 연계 : 주요 데이터 외부 제공업체와의 연계 및 모니터링

- 응급조치 : 주요 시스템에 대한 모니터링 및 장애 복구

- 백업 및 보안 : 주요 시스템 백업 및 보안정책 수립 및 적용

(2) 시스템 관리

- DB 관리 : 데이터베이스 성능 관리 및 튜닝

- 성능관리 : 시스템 성능관리를 위한 계획 수립 및 적용

- 서버관리 : 주요 서버의 자원 사용현황 및 증설 등 관리

- 소프트웨어 : 주요 소프트웨어의 유지보수 및 신규 구매 검토

- 업무관리 : 운영실적, 이용현황 등 관리 및 계획 수립

(3) 외부연계

- 항공사 및 주요 정보제공업체와의 외부 인터페이스 최적방안 검토 및 변경 적용

- FIS 모듈 개발 완료에 따른 포워더 연계 인프라 확장 및 대상관리

- 인터페이스 최적 방법론 표준화

(4) 영업 및 마케팅

- 항공사 및 포워더/화주 대상 이용가입 독려 및 이용 프로모션 계획 및 실행

- 고도화 및 주요 서비스 개발에 따른 제반사항 협조 및 지원

- 신규 기능 및 서비스 적용에 따른 항공사/포워더/화주 대상 설명회 및 홍보

- 경쟁사 벤치마킹 등 제반활동 지원

(5) 신규 서비스

- e-Freight 서비스 확장

- 주요 Killer 서비스

- 주요 페이지에 대한 다국어(영문, 중문) 지원

(6) Help Desk 운영

- 대고객 서비스 지원체계 강화 및 응대

- 체계적인 Help Desk 운영을 위한 표준 프로세스 수립
  (Help Desk 운영은 서비스의 적용시점을 고려하여 탄력적으로 운영)
  (FHL 중계 시점, KFHL 중계, 화물 예약/추적 포워더 EDI연계 등)

(7) 시스템 유지보수

- H/W, S/W, N/W 전반에 걸친 시스템 유지보수 전문업체를 통해 정기 점검 및 비상대책 수립

5.5.3. AIRCIS와 e-Freight

e-Freight는 04년 IATA에서 발의한 항공운송서류 전자문서화(Paperless) 프로젝트로 한국은 08년에 시범국가로 지정되었다. 현재 AIRCIS에서는 FWB와 화물접수증 2종에 대하여 제한된 e-Freight를 서비스를 하고 있어 대상 서비스, 연계 항공사 및 포워더의 확대가 필요한 실정이며, 해외사전신고 업무 관련 이중의 프로세스 및 정보채널로 포워더의 비용증가 및 업무 효율성 저하를 가져오고 있었으나 개선이 진행되고 있다.

5.5.4. e-Freight 구축(FTZ 전산화 포함)

(1) e-Freight 목표시스템

IATA의 e-Freight 권고사항을 준수하고, 나아가 국내 환경에 맞게 수정, 발전시켜 e-Freight Best Practice로 발전시킬 필요가 있으며, 이러한 시스템을 국내 항공사 및 항공 포워더간 전자문서 중계 허브 역할로 발전시켜 물류 비용절감 및 업무 효율성을 증대시킬 필요가 있다.

⑵ AIRCIS기반의 e-Freight 기술현황

① 포워더 연계(FIS 모듈)

- 국내 항공화물 예약 가능 포워더와 AIRCIS의 메시징센터간 연계를 통한 포워더 중계 허브를 목표로 함

- 포워더의 의견을 반영하여 연계희망 포워더의 업무환경에 맞게 EDI 직접 연계 또는 웹 연계를 적용하고, 대상 포워더는 공사와 협의하여 진행 중

② 전자문서 개발

- 포워더의 FHL문서를 AMS 등으로 사용할 수 있도록 전자표준문서를 개발

- 변환된 전자문서를 메시징센터 및 웹을 통하여 연계할 수 있도록 연계

- 모듈 개발 및 적용

③ 영세포워더 지원시스템

- 중소형 포워더 IT환경을 고려하여 다양한 네트워크 환경에서도 AIRCIS와 연계 가능토록 방안을 강구하여 수행 중
  (예, 유동IP 사용 포워더, 자체서버 미보유 포워더 등)

- AIRCIS 연계 서비스는 기존 화물예약/추적 관련 뿐만아니라, 화물접수증, AMS 등 업무를 지원하도록 개발중임

④ 항공사 연계

- 포워더의 FHL 전자문서를 접수받아 항공사 관련 서비스(AMS 등)로 제공 될 수 있도록 연계중

- 외항사 및 외항사 연계를 희망하는 포워더를 현황 조사하여 공사와 협의하여 연계대상에 포함을 시도하고 있음

⑤ 메시징센터 추가 개발

- 포워더 배포모듈과 연계하여 FHL 중계가 가능토록 현 메시징 센터 기능을 추가하여 개발 중

- 서비스의 에러 발생시 사용자에게 통지할 수 있는 기능

- 기존 AIRCIS와 항공사 DB연계 방식을 표준화된 방식으로 전환하여 연계하고, 메시징센터에서 모든 데이터를 관리할 수 있도록 개발 중

- 항공사별 상이한 서식을 표준전자문서화

⑥ 웹 기반 프로그램 개발

- 포워더를 위한 FWB, FHL(AMS 등)을 입력, 조회 할 수 있는 기능을 구현

- 사용자(대리점)별 서비스 이용현황 조회 및 접근 권한 관리 등 AMS 등 서비스 관련 관리자용 프로그램을 개발

⑦ 헬프데스크 운영자 프로그램

- 고객 문의사항 처리 내용을 DB화 할 수 있도록 구현

- 고객 응대내용을 유형별로 조회 및 통계 작성이 가능토록 구현

- 공지사항 등 사용자 통지기능을 개발

⑧ Billing 시스템

- 메시징센터의 중계실적을 기반으로 서비스 유료화 정책을 지원할 수 있도록 빌링시스템을 개발

- 다양한 과금정책(종량제, 정액제, 혼용제, 누진제 등)을 적용

- 가입기간, 사용량, 이벤트, 할인율 등을 감안한 과금에 필요한 데이터 및 거래명세서 등을 생성, 조회 및 출력

- 청구관리를 위하여 자동메일 또는 단체메일 발송 기능

- 공사 ERP와 연계하여 세금계산서 발생정보 전달 및 신고결과를 공유

5.5.5. AIRCIS를 활용한 FTZ (Free Trade Zone) 운영

인천공항공사는 인천공항 자유무역지역(화물터미널 및 공항물류단지)의 운영주체로서 토지임대, 투자유치, 입주사 관리 등의 업무를 수행하고 있다. 물류기업 투자유치는 공사의 주요 물류업무로서 현재는 Off line 위주(설명회, 기업 상담 등)의 마케팅 도구만 사용되고 있어, 정보서비스 기반의 On line 마케팅으로 전환이 필요하다.

① FTZ 전산화 : FTZ Community 구축
 - 공사와 입주사간 자료를 공유할 수 있도록 파일 관리기능(업로드, 다운로드 등)
  을 구현

시스템 구성도 및 네트워크 구성도(2012년)

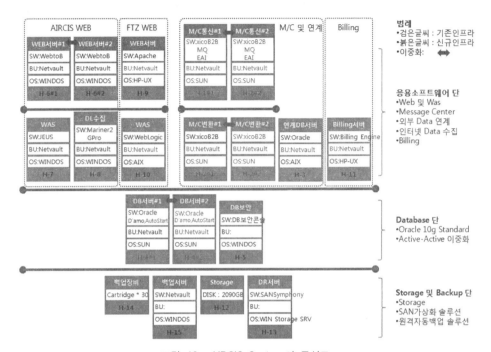

<그림 49> AIRCIS System의 구성도

제 6 장　항공화물 프로세스의 개선 방향

6.1. 현행 항공화물 프로세스의 문제점

본 절에서는 현행 항공화물의 처리 프로세스의 이슈들을 조명하고 개선방향을
제시한다. 다음은 국내 항공화물프로세스의 문제점, 개선가능성들을 조명하였다.

- 항공사들의 현행의 물리적 프로세스의 간소화를 위하여 개별 독립적으로 운영
  되는 프로세스를 통합함으로써 절차의 간소화 및 운영시간 단축을 도모할 필요
  가 있다.

- 국적항공사를 포함하여 많은 외국의 항공사의 수출 프로세스 중 5ft
  Weighing Scale과 Security Check 단계에서의 경우 2개의 프로세스를 통합
  하여 한 개의 프로세스로 정립이 가능할 수 있다. 즉 보안검색(Security
  Check)을 수행하는 X-Ray에 Weighing Scale을 설치하는 것이 가능하다.

- 선진국의 많은 항공사들은 전산입력 시간을 줄이기 위하여 현행 수동적으로 입
  력되던 정보를 전산화하여 입력시간 단축 및 정확성을 높이는 노력을 하고 있
  으며 국내항공사도 이와 같은 노력이 필요하다.

- 5ft Weighing 시, X-ray 통과 후, Build-up작업이 종료된 시점, 20ft
  Weighing 시 무게정보, 반입정보 및 적하목록(Manifest) 정보가 수기로 기록
  되어 입력시간이 증가하거나 오류가 발생하여 재작업 시간이 소요된다.

- 수동적으로 입력되던 무게정보, 반입정보 및 적하목록 정보를 전산화하여 신속
  하고 정확한 정보처리가 가능하게 된다.

- 탑재용기와 화물지상 조업장비 등의 화물운송자원의 위치와 이력을 실시간으로
  추적함으로써 화물자원의 가시성 확보와 문제발생 시 신속한 대처가 가능할 수

있다.

- 국적항공사 및 대부분의 해외 항공사의 화물 프로세스는 바코드 시스템을 기반으로 화물추적 시스템을 갖추고 있으나 바코드 시스템의 한계 때문에 실시간 화물추적이 불가능하다.

- 항공사의 화물프로세스에 RFID System 도입 시, Skid 단위 화물과 ULD 및 화물 운송 지원 장비의 운송 단계별 진행 상황을 실시간 모니터링 할 수 있을 수 있다.

- 화물운송자원의 위치 및 이력관리를 통해 조업업무의 효율성 증대 및 자산관리를 할 수 있다.

- 많은 항공사의 경우 시스템이 별도로(Stand alone) 운영되고 있어 정보의 연계 및 작업자 간 협업(Collaboration)이 어려워 시스템 간 연동 및 통합운영이 요구된다.

- 시스템간의 연동을 통해 화물처리상황이 실시간으로 파악이 가능해지면 조업사 및 고객에게 화물위치정보를 실시간으로 제공할 수 있게 된다.

- 많은 항공사에서 현장작업장 및 시스템의 의사결정을 지원하도록 사용자의 요구에 따라 원하는 정보를 쉽게 알아볼 수 있게 할 필요가 있다.

- 기존 항공사 시스템은 통합된 정보 제공 기능이 지원되지 않아 의사결정에 도움이 되는 통계 및 가공정보의 검색, 검토 기능을 제공할 필요성이 제기된다.

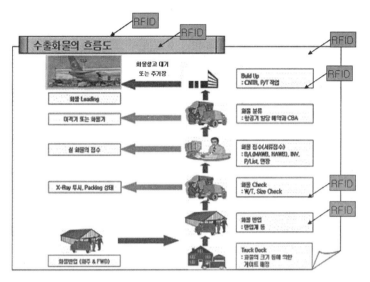

<그림 50> RFID 이용 항공화물 프로세스

현재까지 항공화물의 경우 에어프랑스의 사례를 제외하고는 RFID 적용 사례가 거의 없는 실정이다. 하지만 많은 회사에서 RFID 적용 항공화물 프로세스를 연구하고 있다. 일반적으로 RFID를 항공화물에 적용하기 위해서는 기존의 바코드 기반의 항공화물 프로세스를 분석 후 적용분야를 결정하는 것이 작업자의 거부감이나 프로세스의 적용가능성이 높다.

기존의 바코드 항공화물 프로세스에 RFID를 이용 가능한 곳은 다음과 같다.

- 포워더에서 화물에 RFID 태그를 부착
- 게이트 반입 후 Truck Dock 부분에서 RFID를 이용
- 화물의 목적지 별 분류에서 RFID를 이용
- Warehouse에서 화물의 위치 파악
- 화물의 항공기 탑재 시 위치 파악

6.2. 항공화물 개선 프로세스

본 절에서는 현재의 IT기술을 활용한 실현 가능한 개선 프로세스를 제시한다.

(1) Truck Dock

- 포워더는 접수화물에 대한 HAWB을 작성한 후 HAWB정보를 관련정보시스템에 등록하고 인수받은 화물에 항공운송장(AWB, Airwaybill)의 바코드나 RFID를 부착한 뒤 항공화물 터미널로 화물을 운송한다.

- 화물이 화물터미널의 Truck Dock에 도착하면 조업사 실무자는 화물을 하역한 후 Skid로 옮기고 화물의 HAWB 바코드 나 RFID를 Mobile Reader를 이용하여 스캔하고 관련시스템의 HAWB정보와 대조 후 Skid와 화물을 일치 시킨다.

- 일치된 화물의 HAWB Skid정보를 RFID나 바코드로 인식하여 관련정보시스템에 등록하고 위치 정보는 Tracking data로 추적시스템인 T&T(Track & Trace) 관련 System에 등록한다.

- 화물은 5ft weighing & Security로 이동한다.

- RFC(Ready For Carriage) 화물은 skid 위치정보를 T&T System에 등록하고 X-ray로 이동한다.

(2) 중량측정과 보안검색

- Truck Dock에서 이동해 온 화물은 5ft Weighing Scale에서 무게측정을 하고 HAWB상의 무게정보와 비교한다.

- 무게측정과 동시에 화물의 무게정보는 WMS에 전송이 되고, 화물 터미널 내 화물 Skid위치정보는 RFID나 바코드의 인식을 통해 T&T System에 등록한다.

- 측정된 무게는 HAWB정보와 비교하여 차이가 나는 경우 항공사에 접수하여 요금을 재부과하고 항공사에서는 CCA(Charge Correction Advice)를 발행한다.

- 포워더는 발행된 CCA를 통해 HAWB를 재발행하고 재 발행된 HAWB정보를 다시 CSP에 등록한다.

- 조업사 실무자는 무게측정을 마친 화물을 X-ray로 이동시켜 보안검색, 화물의 위치 정보는 Skid의 RFID 인식을 통해 T&T System에 등록한다.

- 이상 발생 시 세관 감독 하에 화물을 개봉하고 보안상의 문제가 발생하면 포워더를 통해 화주에게 반송 절차를 수행 한다.

- 개봉한 화물이 보안상 문제가 없음이 판단되면 무게 및 보안검색필 을 받고 화물은 보관 지역으로 이동한다.

- 항공사 직원은 포워더에 화물이 반입정보를 전송하고 WMS에 보안검색필 정보를, 관련정보시스템에 반입정보를 등록한다.

(3) 보관

- 5ft Weighing & Security Check를 통과한 화물은 Bound별로 보관장소를 결정한다.

- 조업사 실무자는 화물을 Storage 장소로 이동시킨 후 PDA를 통해 화물 Skid의 RFID tag나 바코드를 인식하여 보관된 화물의 위치 정보를 T&T System에 등록한다

- Work order가 나오면 항공사에서는 실시간 ULD 추적을 통해 현재 가용한 ULD 수량과 종류를 파악하고 해당 Work order에 필요한 ULD종류 및 수량을 결정하여 조업사 실무자에게 작업 지시

- 조업사 실무자는 PDA를 통해 Booking list와 ULD정보를 조회, 대상 화물skid의 RFID tag나 바코드를 인식하여 위치 확인 후 화물을 Workstation으로 이동

(4) Work Station 작업

- 보관 지역에서 화물이 Work Station에 도착하면 Work Station 작업자는 Build-up 할 ULD의 RFID Tag나 바코드를 인식하여 자신의 PDA에 등록한 뒤 Build-up 대

상 화물의 AWB 바코드 나 RFID를 스캔함으로써 ULD와 화물을 일치시키는 작업 수행 한다.

- ULD에 대상 화물을 Build-up한 후 PDA로 작업완료 보고를 하면 이 정보는 ULD Manifest정보로 관련정보시스템에 등록한다.

- Work Station위의 ULD는 Build-up이 완료되면 TV(Transfer Vehicle)를 통해 화물터미널 외부(Airside)로 이동시킨다.

- Dolly위의 ULD는 Build-up이 완료되면 Tug-car에 연결후 항공기 주기 장소로 이동한다.

- 보관할 ULD는 RFID를 통한 ETV(Elevated Transfer Vehicle) 내 공간 가용에 관한 정보를 취득하고 이 정보를 바탕으로 ETV 내 보관 장소를 배정 받아 보관한다.

- Tug-car가 Airside Gate를 통과 시 Gate에 설치된 리더를 통해 T&T System에서 Tug-car와 ULD의 tag정보를 수집하여 이를 일치시킨다.

(5) ULD 단위 중량 측정

- Airside로 나온 ULD는 20ft Weighing을 통해 무게정보를 확인, 이 정보는 WMS 에 등록되고 ULD는 항공기로 이동된다.

- ETV를 통과한 ULD의 무게정보는 ETV자체의 무게측정을 통해 WMS 로 등록한다.

(6) 탑재

- Load Master는 WMS에 등록된 무게 정보를 참고하여 Load plan을 작성하고 이에 따라 ULD를 항공기에 탑재한다.

(7) 항공기 출발

- 탑재가 완료되면 조업사 실무자는 Locking상태를 확인하고 ULD의 위치 정보를

T&T System에 등록한다.

- 항공사에서는 MAWB, 출항허가서, 승무원명부, Weight & Balance(W/B), Manifest등의 정보를 출발지 관계기관에 제출하며, 도착지에 전송한다.

- 모든 사항이 완료되면 항공기 출항한다.

6.3. 이해관계자별 RFID기반의 수출 화물 프로세스

6.3.1 화주

화주는 화물에 대한 RFID 태그 부착을 의뢰한다.

6.3.2. 포워더

RFID 태그는 Box 단위(HAWB 단위)로 부착하며, 이를 House 태그라고 부른다. 태그에 저장되는 데이터는 화물의 무게, 부피, 수량, HAWB, 해당 Flight Number, 출발지와 도착지 공항, 출발 날짜의 정보가 들어가게 된다.

6.3.3. 항공사

(1) Truck Dock

RFID 태그를 인식하고 Truck Dock 배정을 분산하여 차량 크기나 화물량에 따라 배정하게 된다. 트럭에서 화물을 내리면서 태그를 읽게 된다. 차량에 부착된 태그의 데이터는 차량의 크기와 화물의 수량이 된다.

(2) 화물 중량 계측 및 보안 검사, 도착지별 화물 분류, 화물의 B/U

화물에 부착된 태그를 이용하여 화물 도착지 별로 분류하며 화물의 계측을 통해서 화물의 정확한 부피, 무게, 수량을 산출하여, 항공기의 Weight & Balance 산출에 사용한다. 화물의 B/U 단계에서 개별로 스캔 할 필요 없이, 동일 규격 제품이 한 팔레트에 적재되었을 경우 Multi 스캔 할 수 있다. B/U 작업 시간은 하나의 팔레트를 기준으로 최소 3분에서 최대 6분의 시간이 걸리며, 이는 한 시간에 최소 10개의 팔레트를 처리 할 수 있는 시간이다. 기존의 바코드 System에 비해서 67% 작업이 향상된다. 이 단계에서는 ULD에 부착된 RFID 태그와 화물에 부착된 RFID 태그의 일치 작업이 필요하다.

(3) B/U 완료

B/U 완료된 후, 화물을 Warehouse에 보관하는 경우와 바로 항공기에 탑재하는 경우 2가지가 있다. 먼저 Warehouse에 보관하는 경우에는, 화물이 Warehouse 반입 시 리더를 통해 화물의 위치를 배정한다. 보관 후 Warehouse에서 반출 되어, 주기장으로 이동하게 된다. 이때 ULD에 부착된 RFID 태그를 읽어 주기장의 위치 정보를 주게 된다. 주기장에 도착한 화물은 항공기에 탑재 되게 되며, 최종적으로 태그를 읽어 화물이 항공기에 탑재 되어 출발 하였다는 정보를 기록하게 된다.

6.4. 항공화물 RFID 프로세스의 UML 모델

6.4.1. 시퀀스 다이어그램

본 절에서는 항공화물에 RFID를 적용하기 위한 시퀀스 다이어그램을 설명한다. 실선은 실제 화물의 이동 경로, 검은 점선은 정보의 이동, 붉은 점선은 RFID 관련 정보의 이동으로 나타내었다.

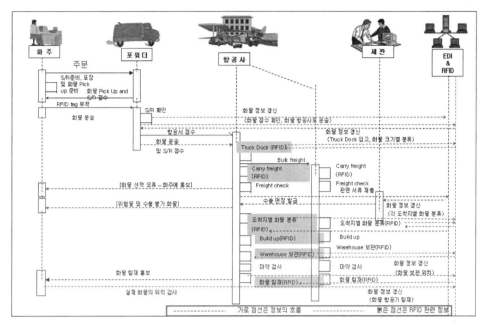

<그림 51> 항공화물 RFID의 시퀀스 다이어그램

〈그림 51〉의 절차는 다음과 같다. 먼저 화주가 S/R(선적 요청서)를 준비, 포워더에게 의뢰한다. 화주는 화물의 포장과 Pick Up을 준비한다. 포워더는 화주의 S/R 접수, 서류 확인, 보세·공항세관의 면허관계를 확인, 그리고 화물 Pick Up에 대한 제반 사항을 확인한다. 모든 서류 확인이 끝나면 화물의 Pick Up에 대한 수량 등 제반 사항을 확인하고 배차 계획을 세워 화물을 신속하고 안전하게 운송한다.

화물 인도가 끝나게 되면 항공사에 예약을 하게 되며 이때 항공기의 공간과 SKD(Schedule), Routing을 확인하여 화물이 여객기 또는 화물기를 이용할 것인지를 결정하게 된다. 화물의 접수가 끝나면 항공사의 Warehouse로 화물을 보내게 된다. 여기까지의 과정은 바코드 시스템과 차이가 없다. 하지만 RFID시스템을 구축하기 위해서는 포워더 단계에서 부터 RFID 태그를 부착해야 한다. 이때 "RFID 서버로 화물이 항공사에 접수 되어 출발한다."는 정보가 갱신 되게 된다.

포워더가 운송한 화물은 항공사의 Truck Dock에 들어오게 되면서, 트럭의 크기나 화물의 수량에 따른 Dock의 배정이 이루어지게 된다. 트럭에서 화물을 내리면서 RFID 리더가 태그를 스캔 하면서 화물의 크기에 따른 분류(Bulk 혹은 Pallet 단위)가 자동으로 시작 된다. "이때 RFID 서버로 화물의 크기에 따른 분류"라는 새로운 정보가 갱신되게 된다. 여기에서 수출될 화물이 아닌 화물이 들어오게 되면 RFID리더는 경보를 울려 잘못된 화물이 들어 왔음을 알리게 된다. 이러한 경우에는 화주나 포워더에게 연락해서 화물을 반출하게 된다.

화물 검사(X-Ray등)의 과정을 거친 화물은 목적지별로 화물을 분류하게 되는데, 이곳에서도 RFID 리더를 통해서 화물을 도착지별로 자동 분류하게 된다. 항공사는 수출에 관련된 서류를 관세청에 제출하게 된다.[28] ULD에 적재된 화물의 모든 정보를 담은 RFID 태그를 ULD에 부착한다. 분류를 마친 화물은 Warehouse로 화물을 장치하게 되는데, 화물을 장치 후 RFID를 통한 화물 위치를 쉽게 추적 할 수 있다. 마지막으로 항공기 탑재 부분에서 항공기 입구에 RFID 리더를 설치하여 화물이 올바른 항공기로 탑재 되는지의 정보를 바로 알 수 있으며 RFID 서버로부터 화물이 항공기에 탑재가 완료되었음을 갱신한다. 화주 또한 RFID 서버에 접속하여 실시간으로 화물의 위치를 추적할 수 있다. 이 다이어그램에서 점선은 RFID 서버와 교류하는 정보의 흐름을 나타낸다.

6.4.2. 항공화물 RFID의 협력 다이어그램

항공화물의 협력 다이어그램은 각 클래스 간의 관계를 나타내는 다이어그램이다. 화주가 포워더에게 주문을 하게 되면, 포워더는 RFID 태그를 부착하게 되고 tag에 화물정보를 입력하게 된다. 입력된 정보는 RFID 서버에 전송되게 된다. 화물이 항공사에 들어가 Truck Dock 작업에서 화물을 분류하게 되는데 "화물이 항공사에 들어 왔으면 크기별로 분류가 되었다."는 정보가 RFID 서버에 전송되어 화물의

---

28) 수출에 관련해서 화주, 포워더, 항공사가 관세청에 제출해야 하는 서류는 다음과 같다.
　　항공사 - Shipper, Consignee(수탁 판매자), Item, Q'TY, MAWB No.(혼재 화물을 항공사에 위탁하기 위해 혼재업자가 송하인으로 기재된 항공사 Air Waybill).HAWB No.(House Air Waybill - 혼재업자가 자기의 운송약관에 근거하여 화주와 운송계약을 체결할 때 발행하는 운송장의 하나) 등
　　포워더 - 혼재화물 적하목록, MAWB No.,HAWB No. Shipper, Consignee, Item, 면허 No 등
　　화주 - Consignee, Item, Q'TY & W/T, INV Value, HS Code, Destination 등

정보를 갱신하게 된다. 화물의 검사를 마치고 난 후 Bound별 분류에서 "화물이 도착지별로 분류되어 ULD작업을 마쳤다."는 정보를 갱신하게 되고, Warehouse에 장치될 때 화물의 위치를 쉽게 찾을 수 있도록 tag에 위치정보를 입력하게 되고 RFID 서버에 전송된다. 화물이 항공기에 탑재 될 때 "화물이 항공기에 탑재 완료 되었다."는 정보를 갱신하게 되고, 항공사는 화주나 포워더에게 화물 탑재 완료를 통보하고 화주는 RFID 서버에 접속해서 화물의 위치를 실시간으로 확인 할 수 있다.

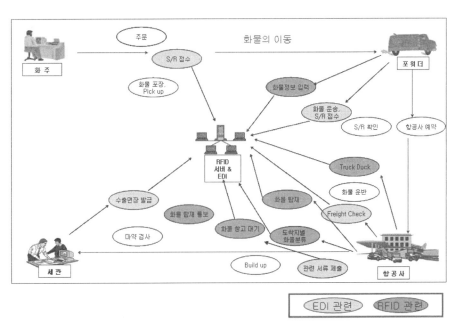

<그림 52> 항공화물 RFID의 협력 다이어그램

6.4.3. 항공화물 RFID의 유스케이스 다이어그램

〈그림 53〉의 유스케이스 다이어그램은 서울에서 LA로 화물을 보내는 가상 시나리오를 대상으로 작성하였다.

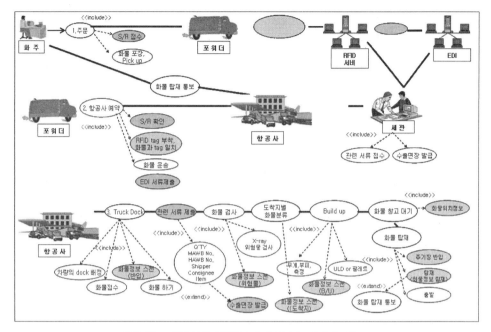

<그림 53> 항공화물 RFID의 유스케이스 다이어그램

(1) 화주의 주문

화주가 포워더에게 화물 의뢰

① 유스케이스 설명

화주가 화물 수출을 포워더에게 의뢰한다.

② 유스케이스 가정

서울에 있는 화주가 PDP Screen을 미국 LA로 수출하려고 한다.

화주는 RFID 태그 부착에 관한 전반적인 사항을 포워더에게 의뢰한다.

③ 선행조건

화주가 보내는 화물은 컨테이너 30개, 팔레트 30개 분의 화물이다.

화주는 수출에 관한 S/R 작성과 화물 포장을 모두 마친 상태 이다.

④ 종료조건

포워더가 주문을 접수하여 화물을 Pick Up 해 간다.

⑤ 진행 단계

- 서울에 있는 화주가 미국 LA로 화물을 보내려고 함

- 화물의 양은 ULD 30개, 팔레트 30개의 양

- 화주는 수출에 관련한 S/R을 작성

- 화주는 화물의 포장과 Pick Up 준비를 마친 상태

- 모든 준비가 완료되면 포워더에게 주문 의뢰

- 주문을 받은 포워더는 화물을 Pick Up

⑥ 유스케이스 결과를 받는 행위자 : 화주, 포워더

(2) 포워더의 화물 접수 및 항공사 예약

① 유스케이스 설명

포워더는 화물운송 주문을 받아 항공사로 예약하고 화물은 공항으로 운반함

② 유스케이스 가정

화주로부터 접수된 화물은 RFID 태그가 부착되지 않은 상태이다. 화주의 S/R은 완벽하게 준비된 상태임

③ 선행 조건

포워더는 RFID에 관련된 장비가 갖추어진 업체임

④ 종료조건

항공사에 예약이 완료되어, 포워더가 화물을 공항 화물청사로 운반함

⑤ 진행 단계

- 포워더가 화주의 화물 운송을 의뢰 받아 화물을 Pick Up 해옴.

- 운송할 화물을 박스 단위로 RFID 태그를 붙임

- 태그와 화물의 정보를 일치 시키는 작업을 함

- 포워더는 수출에 관련한 S/R을 확인함

- 차량에도 차량용 태그를 부착함

- 모든 준비가 완료되면 항공사에 예약하고, 화물을 운반함

- Data - 무게, 수량, HAWB(항공화물 운송장), 해당 FLT NBR(Flight Number), 입출고 시간(화주의 창고)

⑥ 유스케이스 결과를 받는 행위자 : 포워더, 항공사

(3) 항공사의 화물 수출에 대한 작업

① 유스 케이스 설명

항공사는 포워더로부터 접수한 수출 화물을 검사, B/U 작업 후 항공기 탑재

② 유스케이스 가정

모든 화물은 수출 가능한 화물이다. 화물은 화물창고에 2시간 대기한다.

③ 선행조건

- 포워더가 모든 상자에 RFID 태그를 부착하고 화물정보를 입력한 상태

- 수출에 관련된 모든 서류 작성과 EDI전송을 마친 상태

④ 종료조건

수출에 관련된 면허가 발급되고 화물이 항공기에 적재되어 출발

⑤ 진행 단계

- 포워더가 운반해온 화물의 양에 따라 Truck Dock을 배정
- 화물을 접수하고 RFID 리더를 통해 화물 반입 정보를 전송
- 모든 화물을 컨베이어 벨트 위로 내림
- 수출 관련 서류를 EDI로 제출한다. 수출 면장을 발급 받게 됨
- 모든 화물을 X-ray 검사로 위험품 검사를 하게 된다. 위험품에 대한 정보를 EDI로 전송함
- RFID 리더를 통해 화물을 도착지 별로 분류하게 됨
- 화물의 Build Up 작업을 함
- RFID 리더로 읽은 화물의 정보(무게,부피…)를 전송
- 화물을 항공기 운항시간 까지 창고에 대기시킴(화물의 반입 정보)
- RFID 리더로 ULD에 부착된 태그를 읽어 화물을 주기장으로 반입하게 됨(화물의 주기장 반입 정보)
- RFID 리더로 ULD에 부착된 태그를 읽고 화물을 항공기에 탑재 (화물의 항공기 탑재 정보)
- Data - 트럭의 크기, 화물의 개수, ULD 정보, 주기장 정보, 항공편,
- 도착지 공항

⑥ 유스케이스 결과를 받는 행위자 : 항공사, 세관, 포워더

(4) 세관의 화물 검사

① 유스케이스 설명

세관은 수출 화물에 대해 검사하고 수출 면장을 발급한다.

② 유스케이스 가정

모든 화물은 수출 가능한 화물이다.

③ 선행조건

수출에 관련된 모든 서류가 EDI로 전송된 상태이다.

④ 종료조건

화물에 대한 모든 검사를 마치고 수출 면장을 발급한다.

⑤ 진행단계

• 모든 화물에 관련된 수출 서류를 검사한다.

• 화물의 X-ray 검사를 실시한다.

• 화물의 수출 면장을 발급한다.

⑥ 유스케이스 결과를 받는 행위자 : 항공사. 세관

6.4.4. 항공화물 RFID의 활동 다이어그램

화주
- 주문(화주)
- S/R 작성
- 포장 & Pick up

포워더
- 주문 접수(포워더)
- S/R 접수 및 관련 서류 제출
- 화물 운반
- 항공사 예약
- 화물 접수

항공사
- 항공사 예약
- Truck Dock
- ULD Freight
- 관련 서류 제출
- 화물 검사
- 도착지별 화물 분류
- A B C
- Build Up
- 수출 신고 대기
- 적재 대기

EDI & RFID
- 화주의 S/R
  - Consignee
  - Item
  - Q'TY & W/T
  - INV Value
  - HS Code
  - Destination
- 포 워 더
  - 혼재화물 적하목록
  - MAWB No.
  - HAWB No.
  - Shipper
  - Consignee
  - Item . 면허 No
  - RFID 관련정보
- 항 공 사
  - Q'TY
  - MAWB No.
  - HAWB No.
  - Shipper
  - Consignee
  - Item
  - RFID 관련 정보

세 관
- 수출 품목에 대한 서류 접수
- 위험품목 검사
- 수출 면장 발급

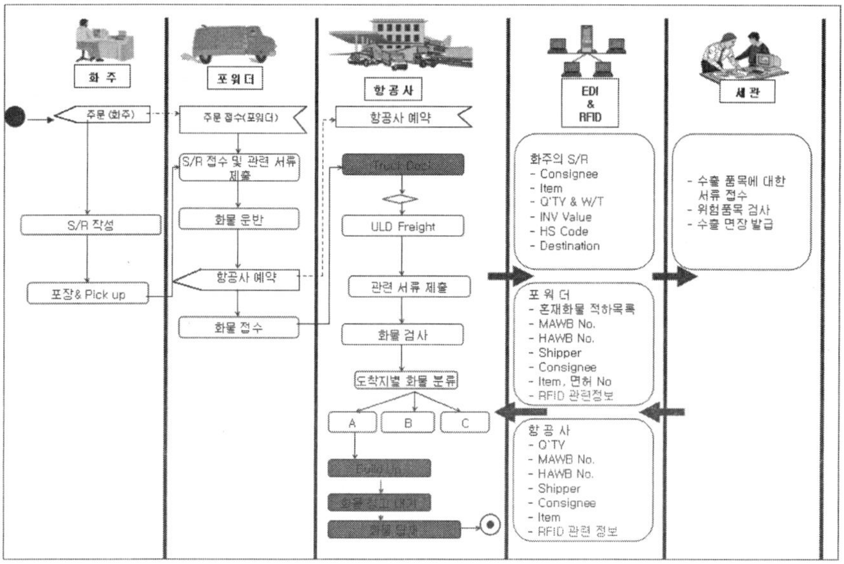

<그림 54> 항공화물 RFID의 활동 다이어그램

활동 다이어그램 〈그림 54〉는 해당 업무에 대해 행동이 발생하는 순서대로 만든 다이어그램을 말한다. 먼저 화주가 포워더에게 주문을 하고, 화주는 S/R을 작성하면서 화물의 포장 상태나 Pick Up 상태를 확인하게 된다. 포워더는 화주로부터 접수 받은 S/R을 확인하고 화물 접수, 화물은 운반 준비를 하면서 항공사에 예약을 하게 된다. 항공사는 예약 받은 포워더로 부터 관련 S/R을 확인하고 화물을 Truck Dock로 운반하게 된다. 여기서 RFID 리더로 화물을 체크하여 화물의 크기별로 나누게 된다. 여기서 일반 소형 화물과 Bulk, Pallet 화물의 진행과정이 동일하여 일반 소형 화물을 중심으로 업무 과정을 설명한다. 분류된 화물은 화물 검색대를 통과하여 화물의 크기, 무게, X-Ray 검사, 라벨 부착 검사, 포장상태 등을 검사하게 된다. 항공사는 수출에 필요한 서류를 관세청에 제출 하며, 관세청은 관련 서류를 점검하여 화물의 수출면장을 발급하게 된다. 검색이 끝난 화물은 도착지별 화물로 구분(위 다이어그램에서는 A, B, C, D...로 구분)해서 Build Up 작업을 하게 된다.

여기서 RFID 태그 스캔을 통해서 화물을 자동 분류하게 된다. Build-Up이 끝난 화물은 Warehouse로 입고하게 되는데 RFID 스캔을 통해서 화물의 장치 위치를 쉽게 알 수 있다. 항공기에 탑재하기 전에 한번 더 RFID 스캔을 해서 화물의 정보를 갱신하게 된다. 항공기 탑재 전 X-Ray 검색대와 같은 방식의 마약 검색대를 통과 하게 되며, 이때 마약이 발견되면 관세청이나 공항 경찰대로 긴급 연락을 취하게 되어 있다. [표 23]은 RFID도입으로 인한 항공화물 물류프로세스 개선효과를 나타낸다.

[표 23] 항공화물 개선 효과

RFID 도입 이점	세부 사항
인력 감소	- 기존 바코드 시스템 사용할 때는 바코드 스캔 위치 마다 인력이 필요하나, RFID를 사용 할 경우 인력감소 효과 가져올 수 있다.
업무 편리성	- RFID 이용시 화물 수량이 많을 때 바코드 보다 정확한 인식률로 업무의 편리성을 가져온다. - Warehouse 화물 보관과 화물 위치 추적 업무 편리성 향상된다. - 화주에게 화물의 정확한 위치정보를 제공 할 수 있다.
정확도 향상	- 기존의 바코드 보다 RFID 태그는 보다 정확한 인식률을 가지게 되어 업무상 정확도를 향상 시킨다. - 화물의 정확한 무게를 측정할 수 있어서, 항공기의 정확한 W/B(Weight & Blance)를 산출 할 수 있다. - 화물에 대한 모니터링 향상 (화물분실, 파손, 도난)
자산의 이익 및 업무시간 단축	- RFID 시스템 이용 시 화물이 오 배송 되어 보상하게 되는 손실을 줄일 수 있다. - 고객 서비스 제고 및 기업 이미지 향상에 도움을 준다. - 인력감소와 업무시간 단축으로 인한 자산의 이익을 얻을 수 있다. - ULD 위치 파악이 용이해져 ULD 재고 확보가 용이하다.
보안 강화	- ULD 내의 단위화물 추적 용이 - 위험물에 대한 세심한 처리가 가능하다. (능동형 RFID 태그 사용 시)
생산성 향상	- 단위 시간 당 처리 화물량의 증가에 따른 생산성 향상

6.5. Legacy System과의 통합 Flow 및 Architecture 설계

이번 절에서는 항공화물의 EDI와 RFID 정보시스템과의 상관관계를 설명하고, 각 서브 프로세스간의 데이터 구조도를 소개한다.

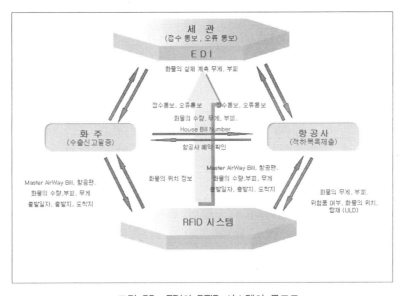

< 그림 55> EDI와 RFID 시스템의 구조도

화주는 수출신고필증을 EDI를 통해서 세관에 제출하게 되며, 세관은 화주에게 수출신고필증이 제대로 접수 되었는지 통보하게 된다. 마찬가지로 항공사도 EDI를 통해서 적하목록을 세관에 제출하게 되고, 세관은 수출을 허가하게 된다.

화주는 Box 단위로 부착된 태그에 House Air Way Bill, 항공편, 화물의 수량, 부피, 무게, 출발일자, 출발지, 도착지 정보를 입력하게 되며, RFID 시스템을 통해서 화물의 정확한 위치를 파악 할 수 있다. 항공사는 RFID 시스템을 통해 화물의 이력사항을 점검하며, 항공사에서 입력된 화물의 무게, 부피, 수량, 화물의 위치, 탑재된 ULD(Unit Load Device)의 명칭 등을 RFID 서버로 전송하게 된다.

여기서, RFID 시스템은 직접적으로 EDI를 통해서 정보를 얻을 수는 없지만, 항공사에서 입력된 화물의 이력사항을 EDI 서버로 전송하는 역할을 하게 된다.

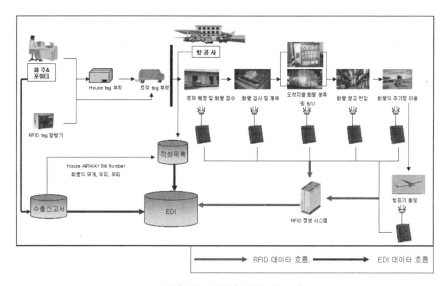

<그림 56> EDI와 RFID 시스템

6.6. 항공수하물 프로세스의 개선방향

본 절에서는 출발지에서 승객의 수하물 접수로부터 도착지에서 수하물 Pick-Up 까지에 이르는 항공 승객수하물 기존 물류프로세스의 현황을 파악하고, RFID 도입 시의 관련 항공 승객수하물 물류프로세스의 변경사항을 분석한다.

6.6.1. 현행 항공수하물 프로세스

항공 수하물의 업무는 그림에서 보여주는 것과 같이 실제 수하물이 이동하는 수하물 관리와 수하물에 관련된 정보의 이동을 관리하는 정보의 관리로 구분 할 수 있다. 항공 수하물 물류는 동원된 인력과 장비를 이용하여 승객의 수하물을 좀 더 정확하고 안전하게 운송하는 것과, 항공 운항의 안전성을 고려하여 보안을 철저히 하는 것을 목적으로 하고 있다. 각 작업을 통해서는 물리적인 수하물의 실제 이동과 함께 정확하고 안전한 관리를 위한 물류정보가 발생하게 되며, 이러한 물류정보가 항공 수하물 관리를 위한 기초 자료가 된다. 항공수하물의 기존업무프로세스는 다음의 그림과 같다.

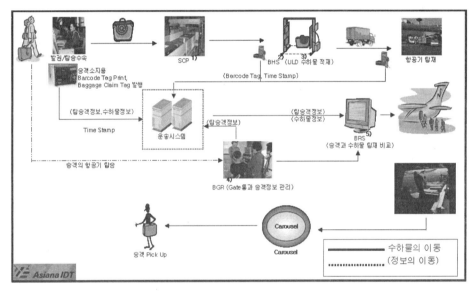

출처 : Asiana IDT

<그림 57> 항공 수하물 기존 업무 프로세스

위 그림에서 각각의 번호의 의미는 다음과 같다.

1) SCP (Security Check Point) X-ray를 이용하여 수하물의 내용물을 점검하는 단계

2) BHS (Baggage Handling System) 수하물에 부착된 Barcode Tag정보를 이용하여 수하물이 탑재될 항공기편에 맞게 분류, 처리

3) ULD (Unit Load Device) 수하물이 항공기에 탑재될 때 사용하는 컨테이너

4) BGR (Boarding Gate Reader) 탑승객이 항공기에 탑승할 때 최종 게이트

5) BRS (Baggage Reconciliation System) 탑승객이 항공기에 탑승하지 않

앉을 경우 탑승객의 수하물을 최종점검

(1) 발권 및 탑승 수속

탑승 카운터에 승객이 수하물 위탁 시에 탑승 수속자는 승객의 탑승권 발급 시에 수하물용 BagTag와 승객의 Baggage Claim Tag를 발행하게 된다(BagTag는 수하물의 부착되고, Baggage Claim Tag는 수하물 영수증용으로 승객에게 배부되어 도착공항에서 Miss-Load가 발생하였을 시에 수하물 추적용으로 쓰인다). Barcode Tag에는 비행기 편명, 탑승객 성명, 목적지등의 간단한 정보가 기록 되며 중앙운송시스템에 저장된다.

(2) SCP (Security Check Point)

컨베이어를 타고 온 수하물이 보안검색을 담당하는 SCP에 도착하면 국/내외의 모든 수하물이 보안요원에 의해 X-ray검사를 시행하게 된다(국내는 1번, 국외는 1~2번 실시하게 된다). X-ray검사 시에 위험 물건이 발견되면, 컨베이어가 멈추게 되고 위험물건이 든 수하물을 꺼낸 다음에 다시 컨베이어가 가동된다. 위험물이 든 수하물의 Barcode Tag를 통해 수하물의 주인을 찾은 후에 전수검사를 실시하게 된다. 또한 이곳에서 Off-Load도 시행한다.

(3) BHS (Baggage Handling System)

컨베이어를 타고 수하물이 BHS영역에 도착하면, Carousel에 수하물이 떨어지게 된다. Carousel에서 수하물이 돌면서 조업사 직원이 수하물에 부착된 Barcode Tag의 정보를 이용하여, 수하물이 탑재될 항공기 편에 맞게 분류한다. 수하물은 탑재될 항공기에 따라 ULD나 Bulk에 적재하게 된다(소형항공기일 경우에 Bulk에 적재된다). 모든 수하물이 ULD에 적재 되었을 시에 ULD에 Master ULD Tag가 부착되며, 이것은 향후 Mis-Load발생 시에 수하물 Tracking에 사용된다.

(4) BGR (Boarding Gate Reader)

승객이 항공기에 탑승하기 전에 최종 탑승여부를 확인하는 단계로, 승객이 소지하고 있는 바코드 정보를 읽어, 탑승 또는 Off-Load정보를 운송시스템에 전송한다. 이 게이트를 통과해야만 항공기 탑승 여부가 확인된다.

(5) BRS (Baggage Reconciliation System)

항공기가 이륙하기 5분 전에 BRS를 이용하여 최종 탑승객의 명단과 항공기에 ULD와 Bulk에 실릴 수하물의 일치 여부를 확인하여 Off-Load할 수하물을 분리하고, 일치하는 수하물만 항공기 탑재를 위해 트롤리에 적재된다.

(6) 항공기 탑재

ULD나 Bulk에 수하물이 다 적재 되면, 트롤리에 실린 ULD나 Bulk는 바로 항공기에 탑재하거나 항공기 주기장에 야적하게 된다. ULD와 Bulk에 대한 결정은 항공기의 Flight Number에 따라 즉, 항공기의 기종에 따라 구분한다. 항공기가 터미널에 있어서 바로 분류하여 탑재하는 경우는 항공기 탑재 시간이 약 5분 정도가 소요되며, Remote에 항공기가 대기할 경우 항공기 탑재 시간이 약 10분 정도가 소요된다.

(7) Carousel

항공기가 목적 공항에 도착하면 항공기에 실린 ULD나 Bulk에서 수하물들을 하역하여 컨베이어를 통해 Carousel에 도착했을 시에 탑승객은 자신의 수하물을 찾아가게 된다. 이 과정에서 분실사고가 가장 많이 일어나며 승객의 불편을 가장 많이 유발시킨다. 한 해의 분실에 대한 사고는 항공사마다 다르지만, 평균 7~8%의 분실사고가 발생하며, 그에 따른 추가비용은 연간 1조원에 다다른다.

[표 24] RFID 도입시 항공 수하물 업무 서비스 개념도

	가. 수하물에 바코드 Tag 대신 RFID Tag 부착 ■ 기존의 Barcode Tag는 기록의 정보가 한정되어 있고, 훼손 시 정보의 판독이 불가하나 RFID Tag는 이러한 문제를 극복. RFID Tag 에는 승객정보, 항공기 편명, 목적지, 처리자 정보, Time Stamp, Reader ID, 출발지, Tag 생성시간, 그리고 무게 등의 많은 정보가 기록
	나. 승객의 탑승권 발급 시에 생성되는 승객 정보 및 수하물 정보를 항공사의 운송시스템과 RFID정보시스템에 동시에 갱신 다. 탑승객에게도 동일한 코드가 저장된 RFID Tag를 발행 ■ 탑승객이 목적지에 도착하여 자신의 수하물을 Pick Up할 때 Cross Pick Up을 방지하기 위해 수하물의 RFID Tag와 탑승객의 RFID Tag의 일치 여부를 확인
	라. 체크인 된 수하물은 컨베이어를 통해 이동되고 이동 중 RFID Reader는 Tag의 정보를 읽고, 씀 마. SCP, BHS, BSA 에서 RFID 정보를 이용하여 신속하고 정확한(보안 강화)작업을 수행(수하물 Miss-Load방지, Off-Load시에 신속한 처리 등)
	바. 항공기 탑재 전 다시 휴대용 판독기를 통해 수하물과 탑승객의 일치 여부를 재확인 사. 항공기에 수하물 탑재 시에 RFID Tag의 수하물 무게 정보를 이용하여 무게를 자동으로 합산을 통하여 W/B (Weights & Balance)를 맞출 수 있으며, 이는 항공기의 연료와 안전운항과 밀접한 관계가 있음
	아. 중앙 통제실에서 RFID Tag를 모니터링하여 수하물의 위치를 실시간으로 추적 ■ 수하물의 off-Load가 발생하였을 시에 이동형 RFID 핸드 리더를 통하여 신속하게 off-Load수화물을 처리

위의 [표 24]는 다음절에서 소개할 RFID기반의 항공수하물 업무서비스의 개념도를 나타낸다. 항공 수하물 업무에 IC칩이 내장된 RFID 수하물 태그를 이용하여 발생하는 고객 서비스의 향상과 항공기 보안 강화를 보여준다. 항공 수하물 업무에 RFID 수하물 태그의 사용을 통하여 수하물 관리의 정확도 향상으로 인해 수하물 오분류 발생 빈도를 획기적으로 줄이고, 수하물의 신속한 처리를 통해 비용을 절감할 수 있다. 또한, 항공사 측은 수하물 분실과 관련한 보험 비용의 부담을 줄이고 공항 대외 신인도를 향상시키며, 정확한 Weight & Balance 관리를 통하여 항공기 연료를 정확히 파악하고, 안전한 운항에 도움이 된다. 수하물 자동 통계 관리를 통하여 위험/주의 수하물 관리에 대한 신뢰도를 향상시킬 수 있다.

6.6.2. RFID기술기반의 항공수하물 프로세스

본 절에서는 출발지 승객의 수하물 접수로부터 도착지의 수하물 pick-up까지에 이르는 항공 승객수하물 프로세스를 RFID기반의 프로세스를 소개한다. RFID는 바코드기술에 비해, 가시성의 제한이 없으며, 태그칩(tag chip)의 메모리의 종류에 따라 정보의 update가 가능하다. 앞장에서 소개한 현재 사용되고 있는 바코드 기반의 수하물처리 프로세스는 다음과 같은 단점을 가지고 있다.

- 보안부분에 있어서 물품에 대한 검사 (X-RAY)만을 시행하여 공항보안에 있어서의 인물에 대한 유형검색을 실시할 수 없다.

- 수하물 분류가 100% 인적 프로세스 (manual operation)에 의해 진행된 관계로 수하물의 분실 및 오 분류 되는 경우가 많았고, 이로 인한 승객의 불만이 자주 보고됨

- 수하물 분류에 있어서 바코드 및 문자로 인쇄된 태그(tag)를 인식해야하지만 바코드의 인식률이 낮아 대부분 작업자가 육안으로 검사하고 있음

- 수하물 검색이 요구될 때 수하물의 위치가 파악되지 않는 관계로 항공기로부터 수하물 분류장 (BSA) 및 컨베이어 등을 모두 검색해야 하므로, 인적 및 시간적비용이 발생

- 현재의 시스템에선 도착 공항에서의 수하물 도착여부에 대한 기능은 전무한 상태이므로 모든 승객이 짐을 찾기 전까지는 수하물 도착여부를 알 수가 없음.

대부분의 RFID 프로젝트에서는 기존의 프로세스의 변화를 필요로 하는 데, 이는 RFID가 기업의 잘못된 프로세스를 수정해 주지는 않기 때문이며 따라서 RFID의 적용과 함께 프로세스의 변화를 함께 적용해야만 그 적용효과를 높일 수 있다. 본 절에서는 이와 같은 프로세스변화를 고려한 RFID 적용프로세스를 소개한다.

본 절에서는 프로세스를 쉽게 이해하고 분석하기 위하여 기존의 유통물류에 적용된 예를 참고 순차적 다이어그램(sequence diagram)과 활동 다이어그램(activity diagram)을 이용하여 RFID를 이용한 항공수하물 프로세스를 소개한다. 〈그림 58〉은 항공사가 승객에게서 수하물을 인수하는 과정에서 시작하여 수하물이

일련의 작업을 통하여 항공기에 탑재된 후 도착 공항에서 수하물이 승객에게 인도되는 과정을 순차적 다이어그램 (sequence diagram)으로 나타낸 것으로 객체와 객체사이의 이동을 크게 3가지의 화살표로 표현하고 있다 (수하물의 처리순서는 번호로 표시하였다). 실선 화살표는 수하물의 이동으로 인한 메시지를 나타내며, 점선 화살표는 수하물의 이동에 따른 여러 가지 형태의 정보가 RFID 정보시스템과 여러 서브 프로세스사이에 공유되는 것을 의미한다. 마지막으로, 2점 화살표는 수하물의 하역(offload)을 위한 승객의 이동 메시지를 나타내며 승객의 이동 상태에 따라 수하물의 항공기 탑재가 영향을 받는 것을 알 수 있다.

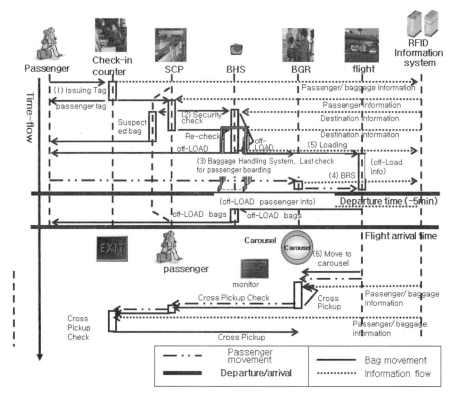

<그림 58> 항공 수하물 RFID의 시퀀스 다이어그램

프로세스를 표현함에 있어서 시간(time)개념을 포함하는 것이 중요한데, 그림에서 수직 점선은 시간의 흐름을 나타낸다. 일반적으로 수하물의 입고에서 수하물의 항공기 탑재까지의 시간은 1~1시간 반이 소요되며, 수하물의 항공기 탑재는 항공기 이륙시간 20분전에 마감된다. 또한 도착공항에서 승객에게 수하물이 인도되기까지의 시간은 공항마다 약간의 차이는 있지만 대략 20~30분이 소요된다. 항공 수하물 프로세스는 각 서브 프로세스에서 수하물에 대한 정보의 수집과 공유가 중요하다. RFID를 도입할 경우 각 객체들(항공사 서브 프로세스)과 RFID정보시스템이 실시간으로 승객의 수하물에 대한 정보를 공유함으로써 수하물이 신속하고 정확 해질 수 있다.

순차적 다이어그램(sequence diagram)과 달리 활동 다이어그램(activity diagram)은 프로그램 코딩에 용이하여, 구체적으로 항공 수하물 RFID시스템 개발할 때 유용하게 사용될 수 있다. 활동 다이어그램(activity diagram)을 이용 항공 수하물 RFID시스템을 개발하기 위해 각 서브 프로세스의 처리단계, 처리 과정, 결정 위치, 분기 처리 등을 사용하여 서브 프로세스들을 시각적으로 정리 하였다.

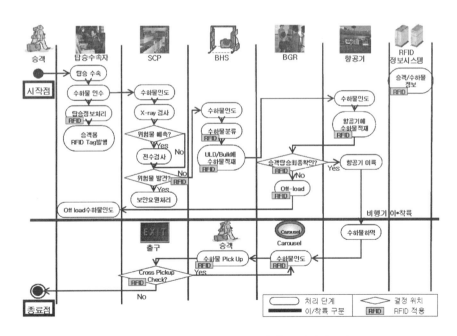

<그림 59> 항공 수하물 RFID의 활동 다이어그램

〈그림 59〉와 같이 RFID를 활용한 항공수하물 처리프로세스는 다음과 같다.

⑴ 발권 및 탑승수속관련(check-in 그림 "탑승수속자")

수하물부착용 태그(baggage tag)가 발급되는 동시에 승객에 대한 정보를 RFID 정보시스템에 전송하여 향후 각각의 프로세스에서 활용될 수 있도록 Database를 구축한다. RFID서버에 구축된 탑승객 정보를 BRS(수화물 일치 시스템)에 전송하여 수하물 관리의 기초자료로 활용한다.

⑵ 보안 검색 (SCP)

수하물이 보안 검색(SCP)에 도착하면 고정형 RFID 리더(reader)를 통하여 수하물에 부착되어 있는 RFID 태그(tag)를 인식하여 RFID에이전트 시스템을 통하여 수하물의 승객정보를 모니터에 출력하여, 보안검색 담당자가 수하물의 위탁자를 쉽게 확인할 수 있게 한다.

⑶ 수하물 처리시스템 (BHS)

수하물이 수하물 처리시스템 (BHS)영역에 도착한 뒤 RFID 리더 (reader)가 수하물에 부착되어 있는 RFID 태그(tag)를 인식하게 되면 수하물정보를 모니터에 출력하게 되어 수하물을 분류하는 작업자들이 수하물의 바코드 태그(tag)를 확인하지 않더라도 수하물을 정확히 분류할 수 있다. 수하물처리시스템 (BHS)를 통해서 분류된 수하물들을 항공기로 적재할시 적재 오류를 방지하기 위해 관문(gate)형의 RFID리더(reader)를 설치하고 작업하고자하는 항공편 등을 세팅 한다. 이와 같은 RFID기반 프로세스는 수하물이 컨테이너나 Bulk로 항공기에 적재될 때 인식 수하물의 정보와 적재되는 항공기의 정보를 확인해 준다. 만약 하역(offload)해야 할 수하물이나, 관문(gate)에서 적재해야할 수하물이 발생하면 이동형 리더(reader)를 이용하여 처리 한다.

(4) 탑승확인 (BGR)

승객이 소지하고 있는 탑승권의 정보를 인식, 탑승 또는 하역정보를 운송시스템으로 전송하고 운송시스템의 승객 탑승정보를 RFID정보시스템으로 전달하여 승객정보를 동기화 한다.

(5) 승객과 화물연계 시스템 (BRS)

탑승수속을 마친 승객중 항공기에 탑승하지 않는 승객이 발생하면 작업자에게 승객의 수하물 정보를 전송하여 수하물을 하역(offload)할 수 있도록 하며, 이때 작업자는 이동형 RFID리더(reader)를 이용하여 수하물들 중에서 해당 승객의 수하물을 하역(offload) 처리한다.

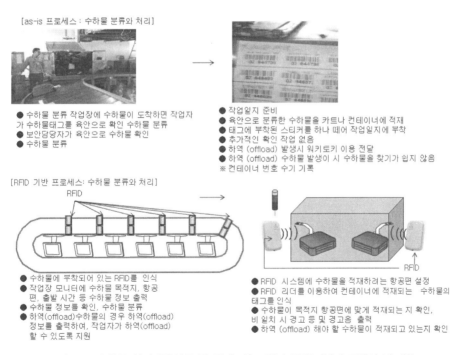

[as-is 프로세스 : 수하물 분류와 처리]

● 수하물 분류 작업장에 수하물이 도착하면 작업자가 수하물태그를 육안으로 확인 수하물 분류
● 보안담당자가 육안으로 수하물 확인
● 수하물 분류

● 작업일지 준비
● 육안으로 분류한 수하물을 카트나 컨테이너에 적재
● 태그에 부착된 스티커를 하나 떼어 작업일지에 부착
● 추가적인 확인 작업 없음
● 하역 (offload) 발생시 워키토키 이용 전달
● 하역 (offload) 수하물 발생이 시 수하물을 찾기가 쉽지 않음
※ 컨테이너 번호 수기 기록

[RFID 기반 프로세스: 수하물 분류와 처리]
RFID

RFID

● 수하물에 부착되어 있는 RFID를 인식
● 작업장 모니터에 수하물 목적지, 항공편, 출발 시간 등 수하물정보 출력
● 수하물 정보를 확인, 수하물 분류
● 하역(offload)수하물의 경우 하역(offload) 정보를 출력하여, 작업자가 하역(offload) 할 수 있도록 지원

● RFID 시스템에 수하물을 적재하려는 항공편 설정
● RFID 리더를 이용하여 컨테이너에 적재되는 수하물의 태그를 인식
● 수하물이 목적지 항공편에 맞게 적재되는 지 확인, 비 일치 시 경고 등 및 경고음 출력
● 하역 (offload) 해야 할 수하물이 적재되고 있는지 확인

<그림 60> 수하물 처리과정(분류 및 적재) 현 모델과 RFID기반의 모델의 비교[29]

---

29) 장윤석, 이헌수, RFID를 이용한 항공수하물 프로세스 연구, IE Interface, Vol. 20, No. 3, pp. 299-309, September 2007.

⑹ 도착치 수하물 처리/회수(pick Up)

목적지에 도착한 수하물들이 공항청사내의 회전컨베이어(carrousel)에 도착하면, 회전컨베이어(carrousel)내에 설치되어 있는 고정형 RFID리더(reader)를 이용하여 수하물에 부착되어 있는 RFID태그(tag)를 인식한다. RFID정보시스템으로부터 관련정보를 전송받아, 수하물의 해당 승객 좌석번호를 설치된 모니터를 통해 출력하여 승객이 쉽게 본인의 수하물을 찾을 수 있도록 지원 한다(승객의 프라이버시 문제로 승객의 이름을 출력하는 대신 좌석번호를 출력하는 방법은 사용함). 회전컨베이어 (carrousel) 지역엔 간이 관문(gate)형 RFID리더(reader)를 설치하여 승객의 수하물영수증에 있는 RFID태그(tag)와 수하물에 부착되어있는 RFID태그(tag)의 정보를 비교하여, 타인의 수하물을 가져가는 경우 (cross pickup)를 방지한다.

제 7 장   세계의 화물공항 및 항공사

7.1. 세계적인 공항의 성과 목표 (Performance Target)

7.1.1 해외공항 사례(General Performance Indices Related to Cargo Operations)

본 절에서는 홍콩 AAT Terminal (Asia Airfreight Terminal), 홍콩 HACTL (Hong Kong Air Cargo Terminals Limited), 싱가폴 Chang-I (Singapore Chang-I 공항), 두바이 Emirate 공항(Emirate SkyCargo), 그리고 인천공항의 성과기준(Performance Measure)을 비교한다.

(1) 홍콩 AAT (Asia Airfreight Terminal)

홍콩이 AAT 공항은 서비스 표준을 지상서비스 (landside service), 터미널서비스 (terminal service) 및 오류처리율 (mis-handling rate)로 나누어 관리하고 있다.

[표 25] AAT의 지상 서비스의 성능목표 (Performance Target)

성능 척도 (Performance measure)	성능 지수 (Performance Index)	성능 목표 (Performance target)
트럭 대기시간(Truck Queuing Time)	30 분	96%
수출화물수령(Export Cargo reception)	15 분	96%
수입화물 회수(Import Cargo Collection)	30 분	96%
공 ULD 출고(Empty ULD release)	30 분	98%

[표 26] AAT의 터미널 내 서비스 성능지수 (Performance Indices)

성능척도(Performance measure)	성능지수 (Performance Index)	성능목표 (Performance target)
일반화물: 여객기 (General Cargo :Passenger Aircraft)	5 시간	96%
일반화물: 화물기 (Freighter Aircraft)	8 시간	96%
부패성화물(Perishable Cargo)	105 분	96%
급행화물(Express Cargo)	90 분	96%

[표 27] AAT의 오류처리률에 대한 성능지수 (Performance indices for Mishandling Rate)

성능 (Performance)	성능지수 (Performance Index)	성능목표 (Performance target)
화물의 부적절한 처리 (Cargo Mishandling) -잘못된 워드(Wrongly forwarded) -부족한 선적(Short-shipped) -위치가 잘못된 경우(Unlocated)	1.5/10000	해당 없음
늦은 ULD 위치 (Late Positioning of ULD)	1/1000	해당 없음

(2) 홍콩 HACTL(Hong Kong Air Cargo Terminals Limited)

홍콩의 HACTL사 의 서비스 표준은AAT의 표준과 거의 같다. 지상 서비스 (landside service), 수입화물 세분화 서비스(import cargo breakdown service), 오류처리 비율(mishandling rate), 수출화물 접수 및 시스템 성능 (export cargo reception and system performance). AAT와 같이 성과는 매달 측정되고 있다.

[표 28] HACTL 지상서비스의 성능목표 (Performance Target)

성능 (Performance)	성능 지수 (Performance Index)	성능목표 (Performance target)
트럭 대기시간(Truck waiting Time)	30 분 이내	95%
화물 접수(Cargo Acceptance)	15 분 이내	95%
화물출고(Cargo Release)	30분 이내	95%
공 ULD 출고	30 분 이내	95%

[표 29] HACTL 수입화물 서비스 세분화

성능 (Performance)	Performance Index	Performance target
일반화물- 여객기	항공기의 실제 도착 시간후 5시간이내	95%
일반화물- 화물기	항공기의 실제 도착 시간후 8시간이내	95%
부패성 화물	항공기의 실제 도착 시간후 2시간이내	95%
급행화물	항공기의 실제 도착 시간후 2시간이내	95%

[표 30] HACTL의 오류처리률에 대한 성능지수 (Performance indices for Mishandling Rate)

성과	Performance Index	Performance target
잘못 처리한 수 (Total Number of Mishandling cases) -적하목록이 작성안된 경우 (Unmanifested)	-	-

-부족한 선적 (Shortshipped) -위치가 제대로 잡히지 않은경우(Unlocated)		
오처리 비율 (Mishandling rate)	Less than 1.5/10000	Less than 1.5/10000
늦은 ULD위치 (Late-positioning)	Less than 1.0 unit / 1,000 flight	Less than 1.0 unit / 1,000 flight

[표 31] 수출화물의 예외적인 경우 성능지수(여객기 및 화물기)

성능 (Performance)	Performance Index
Container화 되지않은 일반 화물(Loose Cargo)	예정출발시간 4시간전
미리포장 (Pre-pack)	예정출발시간 3시간전
항공기 승선 배송(On Board Courier)	예정출발시간 50분전

HACTL의 경우 Community System for Air Cargo(COSAC), Logistics Control System-Container Storage System (LCS-CSS) 과d Logistics Control System - The Box Storage System (LCS-BSS) 등의 정보시스템을 구축하고 있으며, 이들 시스템 성능은 가용성으로 측정함.

[표 32] HACTL의 IT 시스템의 성능지수

성능 (Performance)	성능목표 (Performance Target)
COSAC	99.90%
LCS-CSS	99.70%
LCS-BSS	99.70%
Hactl.com	99.80%

(3) 싱가폴 창이 공항 (Changi Airport)

창이 공항의 성능표준은 [표 33]과 같다.

[표 33] 창이공항의 성능지수

성능 (Performance)	성능지수 (Performance Index)	성능목표 (Performance target)
여객기 도착후 화물문서의 사용가능 준비정도 (Cargo documents available after passenger aircraft arrival)	2시간 내	90%
화물기 도착후 화물문서의 사용가능 시간 (Cargo documents available after freighter aircraft arrival)	4시간 내	90%
여객기 도착후 화물준비정도(Cargo available after passenger aircraft arrival)	3.5시간내	90%
화물기 도착후 화물 준비정도 (Cargo available after freighter aircraft arrival)	5.5시간내	90%
세관에 의한 화물통관 (Cargo cleared by customs)	13 분내	90%

(4) Emirates SkyCargo

에미레이트의 SkyCargo는 'station performance'(에미레이트 'SkyCargo'가 취항하는 station, 즉 공항별 성과측정을 함)을 사용. 성능은 스테이션(station)과 상황(situation)에 따라 다르게 설정되고 있음. 특정성능지수는 목표치가 정의 되지 않은 채 성능측정이 되고 있기도 함

[표 34] 수입화물에 대한 성능지수 (인천공항의 경우. 2009년 6월)

성능 (Performance)	성능지수 (Performance Index)	성능목표 (Performance Target)	2009년 6월
문서의 준비 (Document Ready)	실제도착시간 + 1.5 시간내	98%	99%
화물 배송준비 (Freight ready for delivery) - 일반화물(General freight)	실제도착시간 + 4.5 시간내	98%	99%
배송을 위한 화물준비 (Freight ready for delivery) - 에미레이트 선호도 100kg까지의 우선 (Emirates Priority up to 100kgs)	실제도착시간 + 2.5hrs	-	100%
배송을 위한 화물준비(Freight ready for delivery) -에미레이트 선호도 101kg까지의 우선 Emirates Priority from 101kgs	실제도착시간 + 2.5hrs	-	100%
화물배송준비 Freight ready for delivery - 부패성화물 Perishable cargo	within ATA + 2hrs	-	100%
화물배송 준비 Freight ready for delivery - 배달원 및 우편(Courier and Mail)	실제도착시간 + 2시간 이내	-	100%
전화 통지 Telephone Notification (NOA) - 일반화물 General freight	실제도착시간 + 17시간 내	99%	99%
전화통지 Telephone Notification (NOA) - 부패성 Perishables	실제도착시간 + 17 시간내	-	100%

[표 35] 항공사와 연계된 수송 (Interline transfers) 에 대한 성능지수

성능 (Performance)	성능지수 (Performance Index)	성능목표 (Performance target)	Result June 2009
"항공사로 화물이송"/"항공사로부터의 화물이송" (Transfer Cargo to/from other Carriers)	실제도착시간 + 6 hours	98%	N/A
"기업으로 트럭수송" "기업으로부터 트럭수송" (To/from trucking companies)	300 분 이내 (intact)/15hrs (loose)	-	N/A

세계적인 화물공항인 홍콩(AAT, HACTL)과 싱가폴(Chang-i) 및 인천공항(IIAC)의 경우 트럭대기 시간, 수출화물 수령접수 시간 등에서 유사한 성과를 목표로 하고 있는 것으로 나타났다.

7.1.2 Air Cargo World의 Excellence조사(Air Cargo World-Air Cargo Excellence Survey)[30]

인천공항은 개항 5년이 채 안된 시점에서 2005년에는 여객 10위의 뛰어난 성과를 거두었고, 취항중인 항공사도 전 세계 60여개 항공사, 130여개 도시로 증가하는 등 많은 도약을 보이고 있고 이와 같은 추세는 당분간 계속 될 것으로 보인다. 또한 화물의 분야를 살펴보면 2004년과 2005년에 세계1위 화물운송을 자랑한 대한항공의 활약으로 국제선 기준 화물 3위(ton기준)라는 업적을 단기간에 이루었다. 하지만, 매해, Air Cargo World에서 2005년 이후 성과 (Performance), 가치(Value), 시설(Facilities), 그리고 규제(Regulatory Operations) 등의 4가지 분야에 대해 발표하는 Air Cargo Excellence 조사에서는 세계1위의 성과를 내지는 못하고 있다. Air Cargo Excellence Survey는 항공사 (Airline)와 공항터미널(Airport)의 두 분야에 대해 이루어지고 있는데, 항공사분야는 포워더(forwarder), 카고 에이젼트(cargo agent) 또는 3PL에 의해 평가가 이루어지고, 공항분야는 항공사의 하청기업에 의해 평가가 이루어지고 있다. 본 조사에서 두 가지 그룹으로

---

30) http://www.aircargoworld.com

나누어 평가하는 이유는 실재 고객들이 해당 각 분야를 평가함으로 조사의 객관
성을 확보하기 위해서이다. 또 차별화된 분석을 위해서, 항공사는 지역별로 그리고
연간 처리 tonne수로 그룹해서 평가 하고 있다, 다음은 각 항공사와 공항의 평가
항목들을 나타낸다.

- 항공사 조사 (Airline Survey) : 고객서비스 (Customer Service); 성과
  (Performance); 가치 (Value); 정보기술(Information Technology)
- 공항 조사 (Airport Survey): 성과 (Performance); 가치 (Value); 시설
  (Facilities); 규정운영(Regulatory Operations)

Air Carrier - 800,000 or more tonnes	Customer Service	Performance	Value	Information Technology	Overall
Emirates Sky Cargo	114	116	115	119	116
Cathay Pacific	111	112	109	113	111
Singapore Airlines	111	112	106	112	110
Lufthansa	108	108	100	116	108
Korean Air	110	108	103	107	107
All Nippon Airways	105	102	103	99	103
FedEx Express	101	102	96	109	102
China Airlines	100	100	105	98	101
Air France-KLM	96	96	94	100	96
DHL	95	93	100	98	96
China Southern Airlines	89	90	97	81	89
UPS Air Cargo	91	88	85	92	89
Air China	88	91	97	79	89
China Eastern	81	82	91	77	83

<그림 64> 2013년 항공사의 survey결과 (http://www.aircargoworld.com)

Airports Asia - 1,000,000 or more tonnes	Performance	Value	Facilities	Operations	Overall
Singapore, SIN	113	109	112	113	112
Hong Kong, HKG	109	110	109	110	109
Incheon, ICN	110	103	109	110	108
Taipei, TPE	105	106	104	108	106
Tokyo-Narita, NRT	107	104	103	106	105
Bangkok, BKK	98	99	99	94	98
Shanghai Pudong, PVG	92	94	92	90	92
Beijing, PEK	83	95	87	86	88
Guangzhou, CAN	83	81	85	83	83

<그림 65> 2013년 아시아 공항의 survey결과 (http://www.aircargoworld.com)

7.2. 세계적인 공항의 화물 프로세스 사례

7.2.1. 싱가폴 공항 (Chang-I Airport: SATS)

싱가폴의 창이 공항은 SATS(Singapore Airport Terminal Service)와 LTD CIAS (Chang-I International Airport Service) 그리고 Swissport가 각각 81%, 17%, 2%의 화물점유율을 가지고 조업을 하고 있다.

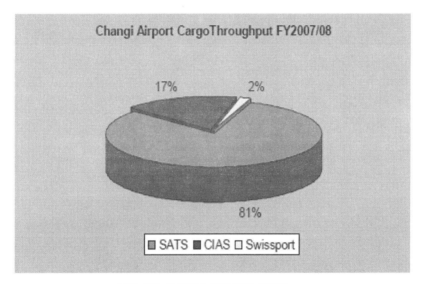

<그림 66> SATS의 공항 화물 점유율

싱가폴 공항 터미널 서비스사 (SATS)는 1981년도에 설립되었으며, 연간 물동량은 2,100,000 ton에 이르며, 6개의 Air Freight Terminal (AFT)으로 운영하고 있다.

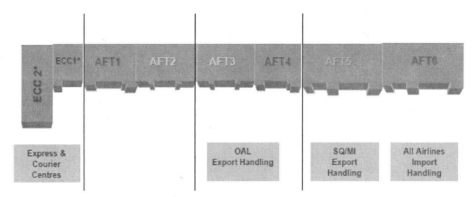

<그림 67> SATS의 터미널 현황

SATS에서는 화물을 보관 하는 기본 단위인 BIN의 위치를 Active RFID System을 이용하여 위치를 실시간으로 추적함으로써 Build-Up 시 화물의 Pick-Up을 위한 수색시간을 줄였으며, 대부분의 작업자가 PDA 단말기를 통해 AWB 번호, BIN 번호등 각 단계의 작업 시 매번 작업 데이터를 입력함에 따라 터미널 내 작업 및 현황을 실시간으로 모니터링 하고 있다.

<그림 68> Active RFID Reader와 Bin에 부착된 Active Tag (SATS)

(1) Truck Dock

- 화물접수 (Receive Cargo) : 트럭덕 (Truck Dock)에 화물이 도착 하면, 지게차를 이용하여 수령 후 무게 측정 및 보안 검색을 함

- AWB 번호 입력 (Enter Airway Bill Number): 작업자는 화물에 연동 된 AWB의 번호를 PDA를 통해 입력하고 이 정보는 Radio Frequency Data Terminal (RFDT) 및 Cargo Operating SYStem (COSYS) 에 저장이 됨

- BIN 번호확인: 수령 된 화물은 BIN에 보관이 됨. 따라서 가용한 BIN을 Bin and Inventory Tracking System (BITS)를 통해 검색하고, BIN 번호를 AWB 번호와 연동 함.

- BIN 위치 확인: 화물의 보관을 위해 BITS를 통해 지정 된 BIN의 위치를 확인 함.

(2) Storage

- Cargo보관: 지게차를 이용하여 지정 된 BIN에 보관함. SATS에서는 BIN을 AS/RS내에만 보관 하지 않으며 터미널 내 어느 곳에서든지 보관 하고, BITS 를 통해 위치를 추적 하고 있음

- BIN 번호 입력: 화물을 보관후 BIN 번호를 입력 함.

- Work Order접수: Build-Up 작업을 위한 Work Order를 수령 하여 ULD 번호r와 연동 된 화물의 AWB 번호를 확인 한다.

- ULD 위치 확인: 지정 된 ULD를 Pick-Up하기 위해 위치를 파악 함. SATS에서 빈 ULD(empty ULD)는 주로 ETV Rack 내에 보관 됨.

- Pick-Up ULD: 지정 된 ULD를 Pick-Up 하여 Workstation 에 배치 함.

- BIN 위치 확인: 지정 된 화물을 Pick-Up하기 위해 화물을 보관 되고 있는 BIN의 위치를 BITS를 통해 파악 함.

- Pick-Up Cargo: 지게차를 이용하여 화물을 Pick-Up 후, Build-Up을 위해

Workstation으로 이동 함.

(3) Workstation / ETV

- Build-Up : Pick-Up하여 Workstation으로 운반 한 ULD 및 화물을 Build-Up 함.

- Build-Up확인 : Build-Up을 마친 후 ULD 번호를 다시 한 번 확인 함.

- ULD 무게측정 : Build-Up 된 ULD 단위 화물의 무게를 측정 후 입력 하여 기존에 등록되어 있는 ULD무게와 동일한지 확인 함.

- ULD 이송 : Build-Up 된 ULD를 ETV Rack에 보관, 또는 항공기 탑재를 위해 Air Side로 이동 함.

- Load Plan접수 : ULD 무게 확인 후 최종 확정된 Load Plan을 Release 함.

- Load : 수령 한 Load Plan을 기반으로 항공기에 ULD 화물을 탑재 함.

7.2.2. 홍콩 공항 (Asia AirFreight Terminal)

홍콩의 AAT(Asia AirFreight Terminal)는 1998년에 홍콩 첵납콕 공항에 새로 건설된 터미널로 연간 151만 톤의 화물을 처리하도록 설계되었으며, 30 여개의 국제 항공사들이 입주하고 있으며, 2000년 이후 급속한 추세로 화물량이 증가하고 있다. AAT는 총 면적은 80,200 평방 미터이며 복층구조로써 총 창고 면적은 166,000 평방 미터에 230개의 트럭덕과 4개 층의 창고를 보유하고 있다.

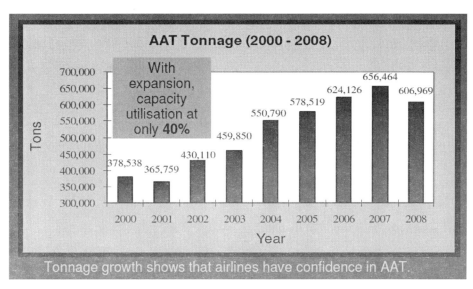

<그림 69> 2000년부터 2008년까지의 AAT의 연간 화물 취급량 추이

AAT의 경우 RFID 및 바코드 시스템을 이용하여 트럭 덕 할당, 화물 Allocation 및 화물 Dispatch 정보를 인식하며 인식된 정보를 각 지점의 디스플레이 장치를 이용하여 작업자 및 관계자들에게 정보를 전달함으로써 정보를 공유하고 각 프로세스에 대한 신속하고 정확한 대응 체계를 구축하고 있다.

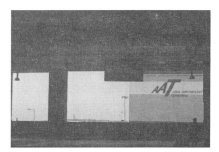

<그림 70> RFID 기술을 이용한 트럭 식별 및 트럭덕 정보의 공유모습 (AAT)

AAT에서는 운영적 측면에서 제도적 역량을 활용하여 BUP 화물의 비중을 90% 이상까지 높임으로써 화물처리 프로세스를 간소화 하였으며 프로세스의 구조를 설계

함에 화물의 처리흐름을 파악하고 활용함으로써 전체 프로세스를 유연하게 하였다.

홍콩의 경우 화물 검수 시 발견되는 무게 및 보안 문제에 대한 제도적 제약을 강하게 하여 BUP 화물 프로세스를 활성화 시켰으며 그 결과 현재 처리화물의 약 95%가 BUP 화물이다.

AAT는 공간적 측면에서 터미널을 복층형식으로 활용하고 AS/RS에서 모든 Loose 단위화물(수출/입 화물의 혼재)을 관리하여 공간 활용도를 높이고 있으며, CMS(Cargo Management System)을 기반으로 AIMS(AAT Internet Management System), TCS(Truck Control System), SCS(Supervisor Control System) 및 MHS(Material Handling System)등 다양한 시스템을 운영함으로써 화물 터미널 내 화물 및 화물자원과 인적자원을 통합적으로 관리하고 있다.

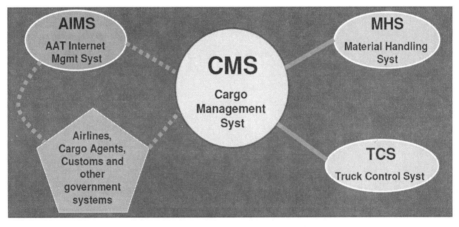

<그림 7l> AAT 화물터미널 관리 시스템 구조

7.2.3. 프랑크 프르트 공항 (Fraport Cargo Service)

독일의 푸랑크프르트 (Frankfurt)공항은 Lufthansa: 40%, FCS: 25%, LUG, WFS, AVIA, Swissport, Cargo Logic 등의 조업사가 35%을 화물비지니스를 점유하고 있다.

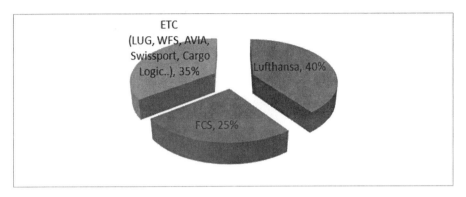

<그림 72> Frankfurt 공항 화물 점유율 차트

터미널 부지는 47,000 square meter 연간 물동량은 평균 490,000 tons 이며, 89개의 Truck Dock은, 5개의 DG (Dangerous Goods) Storage를 운영하고 있다. 이중 Truck Dock은 수출/수입 전용 Truck Dock이 고정되어있지 않고, 수출/수입 화물의 수량에 따라 유연성 있게 사용되고 있다. 또한 각 DG Storage를 DG의 종류별로 구분하며 각 특성에 맞는 센서를 통해 이상상황 발생 시 알람 기능을 통해 대응 하고, 별도의 Tag를 통해 DG를 관리 하고 있다. 공항 화물단지 내 연간 BUP의 비율은 50%를 상회하고, 공항 내 화물터미널 운영 주체는 터미널 내 작업만 관리 하고, Build-Up 된 ULD의 공항 내 운반 및 항공기 Load/Unload는 공항공단인 Fraport 내 전담 부서에 일임하여 관리한다.

<그림 73> FCS Frankfurt Terminal의 Truck Dock (왼쪽)과 DG Storage (오른쪽)

<그림 74> DG 용 Tag

FCS에서는 Barcode 기술을 이용하여 단위 화물, 보관 장소, ULD를 모니터링 하고 있다. 수출 시 화물 입고, 수입 시 Break-Down 후 개별 Barcode Tag를 부착하고 기존 정보 (기존에 부착되어 있는 Bar-code Tag 포함)와 연동함으로써 모니터링을 하고, 화물보관 장소의 Barcode 관리는 Storage Rack의 열 별로 Barcode Tag를 부착하여 화물 보관 시 화물 Tag와 Storage Tag을 번갈아 스캔함으로써 정보를 매핑 하고 있다. FCS는 SCOPE(Smart Cargo Operating System)라는 Software 솔루션을 이용하여, 화물터미널을 관리 하고 있는데, SCOPE의 주요 기능으로는, Export, Imports, ULD, Accounts, Dangerous Goods, Administration, Maintenance 및 Reports 등이 있다.

<그림 75> 단위 화물 관리 Bar-code Tag 부착 모습

7.3. 시사점

(1) 공간 활용, 프로세스의 레이아웃 및 운영 방안

국내 항공 화물터미널은 홍콩이나 싱가폴 공항에 비해 공간 활용면에서 다소 개선의 여지가 있고, 프로세스 레이아웃은 각 프로세스의 유연성이 다소 결여되어 있으며 그에 따라 자원의 가시성 확보성 및 작업의 민첩성, 대응성에서 개선의 여지가 있다.

(2) 인식기술 적용 및 시스템 운영 방안

홍콩 및 싱가폴 등의 세계 각 선진 항공사에서 인식기술의 적용 방안에 관한 연구와 실질적인 연구사례가 등장함에 따라 다양한 항공사의 기술적용 방안에 대한 벤치마킹 분석이 요구된다.

제8장   4차 산업혁명과 항공화물

최근 '4차산업혁명'이라는 키워드가 주목받고 있다. 4차산업혁명이라는 용어는 클라우스 슈바프(Klaus Schwab)가 2016년 세계 경제 포럼(World Economic Forum, WEF)에서 사용하였고, 빅 데이터 분석, 인공지능, 로봇공학, 사물인터넷, 무인 운송/자율이송 (무인 항공기, 무인 자동차), 3차원 인쇄, 나노 기술등의 여러 분야에서 새로운 기술혁신이 나타나고 있다. 4차산업혁명은 기존의 기술과 단절되고, 갑자기 발생한 혁명이 아니고, 기존에 연구개발되어 오던 기술의 발전에 따라 기존 산업에 새로운 혁신이 시작될 수 있다는 의미이다.

일반적으로 공항터미널에서의 항공화물관리는 다음과 같은 이슈가 존재한다.

- 항공화물 터미널 내에 반입된 화물의 위치 정보 및 화물에 대한 정보에 입력이 수작업으로 이루어짐에 따른 오류 발생과 실시간 처리 및 관리 불가능
- 항공화물 포장 작업 시 화물을 찾기 위해 소요되는 시간이 전체의 약 15%를 차지함.
- 수출물동량이 몰리는 12월에 ULD부족으로 인한 수출상품 지연 및 화물터미널 내 화물 정체 현상발생
- 위험물 관리 방법에 대한 요구 증대
- 비효율적이고, 인간공학적으로 작업자를 고려하지 못한 업무프로세스

8.1. 유비쿼터스 기술 기반 항공화물 관리 시스템 개발

국토해양부(현 국토교통부)의 연구개발과제였던 '유비쿼터스 기술 기반 항공화물 관리'는 유비쿼터스 기술을 이용하여 항공물류의 효율성을 증대하고 항공화물 처리 능력을 증가시키는 응용기술 개발과 항공물류 간소화 방안 연구를 목적으로 그 연구가 진행되었다. 해당 과제의 연구 목표는 항공화물 처리 프로세스의 업무정보 및 화물 정보를 자동인식기술(AIDC: Automatic Identification & Data Capturing)을 이용하여 획득하고 발생하는 다양한 정보들을 여러 이해관계자들에게 효과적으로 전달하고 대응 정보를 제공함으로써 항공물류 효율성 및 화물 처리 능력을 증대시키기 위한 연구방안을 제시하고 지능형 시스템을 개발하는 것이 목적이었다.

해당 연구의 추진 결과는 다음과 같다.

- Web 2.0기반의 3D 화물모니터링 시스템 개발 (300개 이동화물 동시추적가능, 터치스크린 지원 등)

- Web 2.0기반의 Paperless화물관리 솔루션 개발

- 항공화물 분야에서는 최초로 항공화물터미널의 전파환경을 측정하여, RFID의 적용환경을 분석

- 기존의 RFID위주의 Data 취득방식대신, 바코드, RFID, Sensor정보 등 다양한 AIDC (Automatic Identification and Data Collection)장비의 설치를 고려한 확장성 있는 시스템 개발

- Android 기반의 정비부품 관리시스템 개발(국내최초 개발: 2010년)

- 실시간 Data처리와 Business Process Management를 통합한 Automated Decision Making Solution개발

8.1.1 항공화물 모니터링 시스템

항공화물 모니터링 시스템의 구성은 EPC 네트워크를 기반으로 아래의 그림과 같이 RFID 장비를 통한 정보획득(data capturing)과 정보를 가공/전달 해주는 미들웨어 단(layer)이 있으며 획득된 정보를 특정 비즈니스 모델로 모델링해주는 어플리케이션 및 이를 표현하기 위한 모니터링 어플리케이션으로 구성하였다. 이는 크게 정보획득을 위한 물리적 단과 획득된 정보를 제어하기 위한 컨트롤 단, 그리고 사용자에게 정보를 제공하기 위한 프레젠테이션 단 및 정보관리를 위한 데이터베이스로 나눌 수 있다.

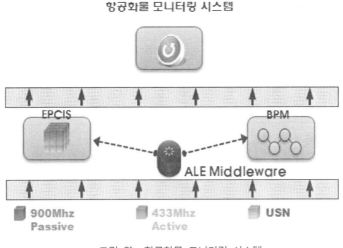

<그림 61> 항공화물 모니터링 시스템

- 물리적 단(layer): 하드웨어의 성능 실험 및 전파환경 분석을 통해 항공화물터미널에서 요구되는 요구사항들(인식률, 인식거리, 인식속도 등)을 고려하여 다양한 장비를 지원하도록 구성하였다.

- 컨트롤 단(layer): 물리적 단을 통해 획득된 정보를 특정 분야에서 활용하기위해서는 먼저 비즈니스 모델에 대한 정의가 필요하다. 개발되는 솔루션 및 시스템의 확장성 및 유연성을 확보하기 위해 다양한 비즈니스 프로세스 모델을 사

용자의 의도에 따라 모델링 할 수 있는 BPM(Business Process Modeling) 솔루션을 도입하였다.

- 프레젠테이션 단(layer): RFID기술을 기반으로 획득되고 BPM 솔루션을 통해 모델링된 정보를 사용자에게 가시적으로 제공하기 위한 것으로 본 연구에서 개발한 모니터링 솔루션엔 기존의 화물 이력관리 기능에 더하여 실시간 화물 정보의 조회 및 수정 기능과 의사결정 지원을 위한 다양한 컨텐츠를 구축하였다. 또한 솔루션의 확장성을 고려하여 객체지향적(objected-Oriented) 개념 기반의 Java 언어를 사용하여 개발되었으며 보다 능동적이고 개방적인 웹 2.0 기술을 구현하는 언어를 사용하였다.

- 정보의 흐름 및 데이터베이스: RFID 기술 기반의 항공화물 모니터링 시스템은 EPC 네트워크를 기반으로 RFID 장비를 통해 실시간 정보를 획득하고 TCP/IP 통신을 통해 모니터링 솔루션까지 전달되어 사용자에게 실시간 화물 정보를 제공하게 된다. 데이터베이스는 Oracle을 사용하였으며, 화물에 대한 예약 정보, 항공기 정보, 작업 정보, 위치 및 이력정보 그리고 화물의 검수 및 포장 상태 정보 등으로 구성되었다.

항공화물 모니터링 시스템은 항공화물 터미널 내에서 관리되는 화물의 가시성을 확보하여 항공화물 터미널 내 화물 수량에 대한 파악 뿐 만 아니라 개별 화물에 대한 이력 추적이 가능하고 Workstation 할당 등 항공화물터미널 내 다양한 의사결정에 대한 지원 시스템으로의 활용이 가능하다. 기존 시스템과 비교하여 3D를 이용한 모니터링 기능을 지원하여 ETV나 AS/RS 등 다양한 하드웨어와의 연계를 통해 항공화물터미널 내에 존재하는 화물에 대한 상세정보 수집 및 추적이 가능하며, 항공화물분야 외에도 물류창고, 부품창고 등 창고 내 화물에 대한 가시성 향상을 요구하는 다양한 분야에서 활용이 가능하다(그림 62).

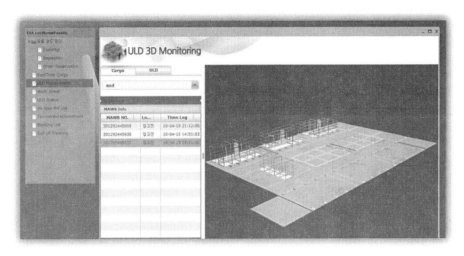

<그림 62>. 3D Cargo Monitoring System

8.1.2 항공화물 통계 시스템

항공화물 통계 시스템은 실수요처인 인천국제공항의 요구사항 분석 및 비젼에
대한 분석을 토대로 도출된 KPI를 이용하여 개발된 데이터 모니터링 시스템으로
인천국제공항공사에 적용되어 있으며, 추가적인 요구사항을 반영한 고도화 작업이
이루어졌다. 해당 시스템을 이용하여 공항에서 발생하는 화물관련 데이터의 가시성
이 확보되었으며, 공항운영자의 의사결정 및 향후 비전, 전략 수립 시 근거 자료로
의 활용이 가능하다. 본 시스템은 기존 시스템에 비해 각 수요처 별 요구사항을
반영하여 특화할 수 있는 선진 시스템으로 아직 세계적으로 널리 사용되고 있지
않아 그 수요가 점차 확대될 것으로 예상된다.

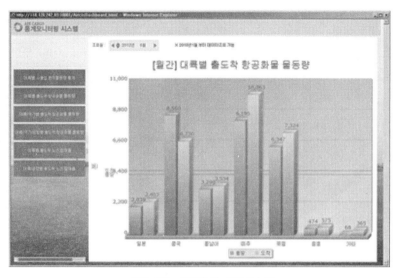

<그림 63> 항공화물 통계시스템

8.1.3 항공화물 자산 관리 시스템

항공화물 자산 관리 시스템은 항공사 및 지상조업사의 항공화물 관련 자산의 사용 이력관리 및 대여·임대 관리 등을 통해 자산의 분실을 방지하고 개별자산의 활용도(Utilization) 관리를 수행하여 자산 분실 및 파손 등에 따른 물류비 상승 방지 시스템으로의 활용이 가능하다. 본 시스템은 항공화물 분야 뿐 만 아니라 물류창고, 공정 중 재고 관리 등이 요구되는 다양한 분야에서의 활용이 가능하다.

8.1.4 위험화물 관리 시스템

위험화물 관리 시스템은 산업의 고도화에 따라 증가하는 화학물질과 전자제품, 자동차 및 배터리 등의 위험화물의 항공운송에 따른 사고를 미연에 방지하고 관리하여 인명 및 재산, 환경 피해를 최소화 하고 항공운송의 안전성 향상을 통해 개별 항공사 및 운송회사의 경쟁력을 향상시키는 시스템이다. 항공화물터미널 내 위험화물구역 뿐만 아니라 화물에 대한 충격이나 안전성 관리가 요구되는 위험물 창고, 화학물질 창고 및 위험물 제조소의 생산 공정 모니터링 등에 적용이 가능하다.

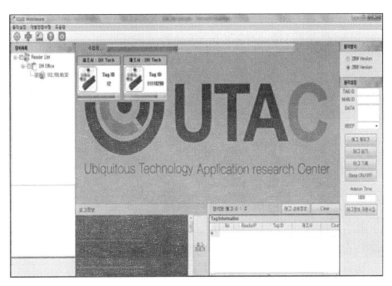

<그림 64>. 위험화물 관리시스템

8.1.5 부패성화물 관리 시스템

부패성화물 관리 시스템은 세계적인 경제성장에 따라 수요가 증가되고 있는 신선화물 및 의약품, 동·식물 운송에 이르기까지 온도관리가 요구되는 다양한 분야에서 활용이 가능하다. 부패성 화물은 항공화물 운송 중 변질에 따른 상품가치 하락으로 화주의 클레임이 가장 많이 발생하고 있어 항공사들의 수요가 꾸준히 증가할 것으로 예상되며, 항공 부패성 화물 뿐 만 아니라 가공식품, 의약품 분야에서의 수요에 따라 그 활용이 다양할 것으로 예상된다.

8.1.6 모바일기반 항공기 정비 부품 관리 시스템

모바일기반 항공기 정비 부품 관리 시스템은 항공 분야의 필수 분야인 정비 분야에서 육안으로 관리되고 있는 정비부품을 인식기술인 바코드와 산업용 PDA로 관리함으로써 실시간으로 재고 파악이 가능하게 되어 시스템에서 부품별 재고 수량을 관리하고 부족 재고에 대한 발주 일정관리에 활용가능하다.

8.2. 4차산업혁명 요소기술과 항공화물관리

아래의 그림은 보스톤 컨설팅 그룹이 예측한 4차산업혁명의 9가지 중요요소기술[31]을 나타낸다.

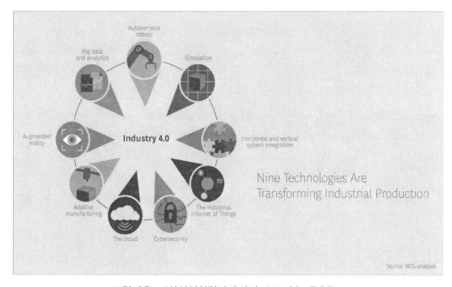

<그림 65> 4차산업혁명의 9가지 요소기술 (BCG)

항공분야에도 이와같은 4차산업혁명기술의 도입이 활발히 이루어지고 있는데, 독일의 루프트한자 (Lufthansa) 항공[32]은 물류 4.0.시대의 프로세스를 최적화하기 위한 ELWIS (Electronic Logistics & Warehouse Information System)를 도입하였다. ELWIS는 AWB 관리, 메시징, 통관, 송장 등 항공물류의 전 워크플로우를 다 처리할 수 있도록 개발된 시스템이다.

IATA[33]는 2030년에는 항공화물창고는 고층의 자동화 랙과 AI, 증강현실

---

31) https://www.bcg.com/capabilities/manufacturing/industry-4.0
32)
   https://www.lufthansa-industry-solutions.com/de-en/solutions-products/supply-chain-logistics
   -40/elwis-it-for-logistics-40-in-air-cargo/
33) IATA, The Cargo Facility of the Future

(Augmented Reality) 그리고 자율주행 차량으로 효율화를 이룰 것을 전망하고, 항공화물창고를 혁신시킬 6가지 기술분야를 다음과 같이 전망

 AUGMENTED REALITY AND WEARABLES

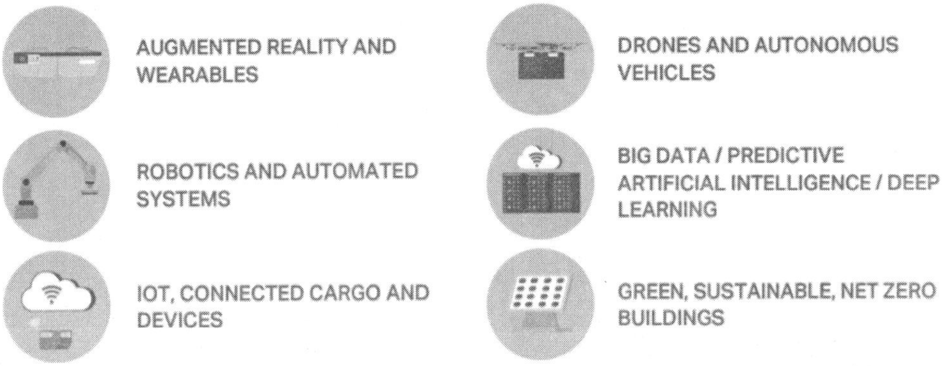

 DRONES AND AUTONOMOUS VEHICLES

 ROBOTICS AND AUTOMATED SYSTEMS

 BIG DATA / PREDICTIVE ARTIFICIAL INTELLIGENCE / DEEP LEARNING

 IOT, CONNECTED CARGO AND DEVICES

 GREEN, SUSTAINABLE, NET ZERO BUILDINGS

<그림 66> 항공화물 창고를 혁신시킬 6가지 기술 (IATA)

스웨덴의 엔바이로테이너 (Envirotainer) 사는 IoT기반의 스마트컨테이너로 러시아의 코로나 백신(Sputnik V)을 아랍에미레이트의 아부다비로 배송하는 데 성공함34)

---

34)
https://www.stattimes.com/news/envirotainer-successfully-helps-transport-covid19-vaccine-sputnik-v-to-abu-dhabi-logistics/

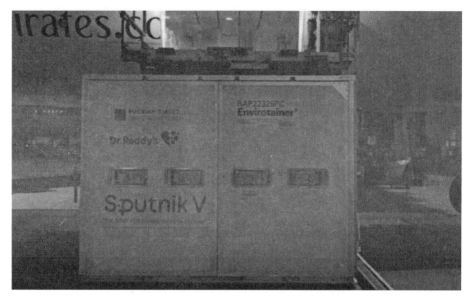

<그림 67> 인바이로테이너의 백신 수송 컨테이너

세계최대의 항공사인 아메리칸에어라인은 화물기내에 화물의 위치결정 등에 기계학습(Machine Learning)35)을 활용하고 있다.

인천국제 공항 등 세계적 공항의 경우 수하물의 경우 체크인에서 수하물 처리구간(BHS: Baggage Handling System)까지의 이송은 전자동화 되어있으나, 개별 ULD에 승객의 수하물을 적재하는 과정은 수작업에 의존해왔다. 그러나 최근 몇년간 수하물의 적재도 로봇과 영상처리, 인공지능기술을 활용하여 자동화 하려는 노력이 계속되고 있다.

---

35) https://blogs.nvidia.com/blog/2020/05/07/american-airlines-data-science-workstations/

<그림 68> 로봇을 활용한 수하물 적재시스템 (암스테르담 공항)

IATA는 world cargo symposium에서 증강현실(AR: Augmented Reality)기술을 항공물류창고에서 사용했을 때 작업속도가 30%향상되고, 에러가 90%감소되었다고 발표하였으며, 일본항공36)의 경우 나리타공항과 하네다 공항에 10벌의 Wearable Robot을 시범적으로 운영하고 있다.

---

36)
 https://www.nippon.com/en/news/yjj2019021300433/jal-to-use-wearable-device-to-help-cargo-staff.html

<그림 69> 일본항공의 웨어러블 로봇을 착용한 작업자

네덜란드 헤이그 공항은 자동화시스템 기업인 반더란다사의 무인자율차량 (Autonomous Vehicle)을 수하물처리에 활용하는 시범사업을 진행중임

<그림 70> 네덜란드 헤이그공항의 수하물 운반용 자율주행 차량

제 9 장 　드론기반의 물류서비스

9.1. 드론

9.1.1 드론 개요 (Drone)

드론 또는 무인항공기는 조종사를 태우지 않고 자율적으로 또는 원격조종으로 비행을 하며, 지정된 임무를 수행할 수 있도록 제작한 동력비행체를 말한다. 무인항공드론 외에도 무인비행장치(Unmanned Aerial Vehicles), 무인항공기시스템(Unmanned Aircraft System), 원격조종항공기시스템(Remotely Piloted Aircraft System), Autonomous Aircraft 등 다양한 이름으로 혼용되고 있다.

[표 36] 무인항공기 명칭 및 개념[37]

용어	개념
드론 (Drones)	사전적 의미는 "벌들이 왱왱거리는 소리" 또는 "낮게 웅웅거리는 소리"를 이며, 무인 비행체 . 최근에 무인항공기와 같은 의미로 사용
무인항공기 (UAV) Unmanned Aerial Vehicle	실제 조종사가 직접 탑승하지 않고, 지상에서 사전 프로그램된 경로에 따라 자동 또는 반자동으로 비행하는 비행체
무인항공기 시스템(UAS) Unmanned Aircraft System or Unmanned Aerial System	UAV, 임무장비, 지상통제장비, 데이터링크, 지상지원 체계를 모두 포함한 개념
원격조정항공기(RPA) Remotely Piloted Aircraft	국제민간항공기구 (ICAO) 에서 공식 용어로 채택하여 사용하고 있는 용어. 비행체만을 칭할 때는 RPA(Remote Piloted Aircraft / Aerial vehicle) 라고 하고. 통제시스템을 지칭할 때는 RPS(Remote Piloting Station) 라고 한다

---

37) https://ko.wikipedia.org/

우리나라에서 정의하는 무인비행장치는 다음의 두가지중에 하나에 해당한다[38].

- 무인비행기, 무인헬리콥터 또는 무인멀티콥터 중에서 최대이륙중량이 25kg을 초과하는 것(연료제외 자체중량 150kg 이하)

- 무인비행선 중에서 연료의 중량을 제외한 자체중량이 12kg을 초과하거나 길이가 7m를 초과하는 것(연료제외 자체중량 180kg 이하, 길이 20m 이하)

9.1.2. 형태 및 기체유형별 드론

일반적으로 회전익과 고정익, 가변로터형 등로 나뉘며, 사용 목적에 따라 다양한 형태와 기능으로 구성된다. 다음의 그림은 다양한 드론의 형태를 나타낸다.

---

38) http://www.kiast.or.kr

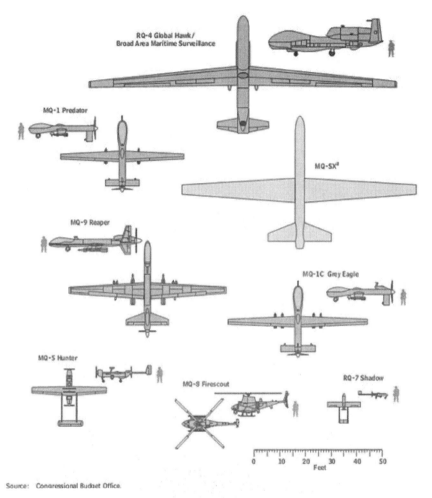

<그림 7> 미국의 드론[39]

- 회전익 (Rotary Wing) : 헬리콥터와 같이 로터(rota)를 이용해 비행하며, 호버링이 가능하며, 좁은 공간에 수직이착륙이 가능하나, 장기 체공이 쉽지않음

- 일반적으로 로터가 4개인 쿼드로터 (quadrotor) 또는 쿼드콥터 (quadcopter) 드론, 6개인 헥사콥타 (hexacopter) 드론, 8개인 옥타로터 (octacoper) 드론 등으로 나누인다.

---

39) https://www.cbo.gov/

<그림 72> 쿼드콥터 (DJI의 Phantom 4 Pro)

<그림 73> 헥사콥터 (Matrice 600 Pro, DJI)

- 고정익(Fixed Wing) : 일반적인 비행기 형태의 고정된 날개로 구성된 무인기로 장거리, 장시간 비행이 가능하나, 활주로가 필요하며 정지비행이 불가능함. 고정익의 경우 활주로에서 이륙하는 방식, 활주로가 없을 경우 발사대를 통한 이륙, 그리고 타 항공기에 의해 일정지역까지 운송된후 공중에서 투하나 이륙하는 방식이 있다.

<그림 74> 발사대에서 이륙준비중인 송골매 무인기[40]

고정익의 경우 착륙하는 방식은 활주로를 이용하는 방식, 그물망을 이용하는 방식, 낙하산을 이용하는 방식 등이 있다. 그물망의 경우는 주로 활주거리가 부족한 곳에서 착륙시 사용한다.

---

40) 연합뉴스, 2014/04/08 13:29

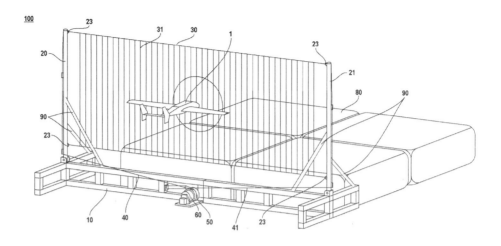

<그림 75> 그물망 형태의 무인기 회수 시스템[41]

낙하산을 사용하는 경우는, 착륙활주거리를 줄여주거나, 지형이 활주착륙에 적합하지 않거나, 고장등의 비상상황 발생시 사용하는 경우가 많다.

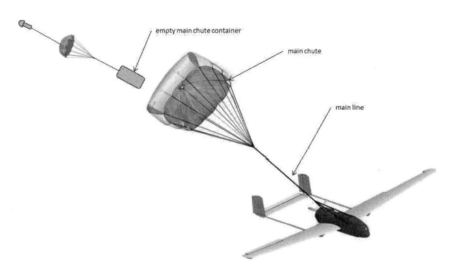

<그림 76> 착륙용 낙하산을 이용하는 방식[42]

41) 한국 항공우주산업 주식회사, 무인 항공기용 그물 회수 장치, 특허 등록번호: 10-0941297
42) https://uavpropulsiontech.com/skygraphics/

- 가변로터형 또는 틸트로터 (Tilt-rotor)형: 이착륙시 날개양끝의 프로펠러가 회전익형태로 작동하여 수직이착륙이 가능하고, 비행시에는 고정익 항공기와 같이 수평방향으로 작동하여 고속비행이 가능하도록 구현한 무인기를 말하며, 고정익이 가진 한계점을 극복할 수 있는 장점이 있다.

<그림 77> 항공우주연구원과 대한항공이 공동개발한 틸트로터 무인기[43]

9.1.3. 동력전달 방식별 드론

드론이 사용하는 동력에 따라, 배터리 방식, 태양광 방식, 가솔린 방식 및 기타 동력원에 의한 방식으로 나누어 질 수 있다.

- 일반적으로 고정익에는 가솔린을 많이 사용하며, 회전익에는 배터리를 많이 사용하고 있으나 배터리 기반의 드론의 한계인 비행시간의 극복을 위해서 최근 태양광 방식과 연료전지 등의 방식들을 개발하고 있음

- 에어버스사의 태양광 무인기인 제퍼 (Zephyr)[44]는 낮에는 태양전지로 동력공급을 과 배터리 충전을 하고 야간에는 배터리를 동력원으로 하여 비행을 하는데 성층권에서 장기체공을 하며 공중 감시나 통신 중계 임무를 수행할 수 있음

- 국내의 경우도 한국항공대학교의 소형 태양광 무인기 32시간의 비행에 성공함[45]

---

43) https://news.joins.com/article/19395409
44) https://www.airbus.com/defence/uav/zephyr.html

- 두산은 수소 드론을 개발하여 2시간 이상의 비행에 성공함

<그림 78> 에어버스 (Airbus)사의 제퍼 (Zephyr)

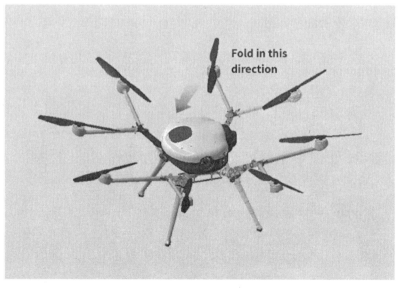

<그림 79> 두산모빌리티이노베이션의 수소 연료전지기반 드론

---

45) https://news.joins.com/article/23800446

9.1.4. 드론의 용도별 분류

드론을 사용 용도별로 나누어보면, 다음과 같다

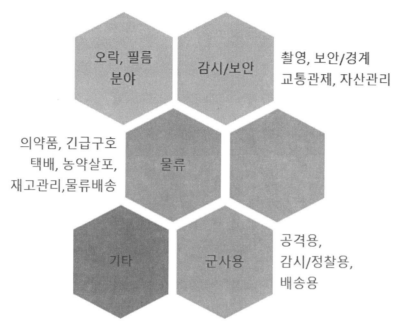

<그림 80> 드론의 다양한 용도

- 감시/보안 : 교통통행량 관제 분야, 보안/위험 지역감시 (탄약고, 군사분계선, 항만 등), 오염/공해 모니터링, 홍수 및 화산/산불 감시, 군중 감시 등

- 물류 : 물류배송, 물류창고내 재고 관리, 긴급구호 약품/의약품 배송, 농약 살포 등

- 오락 및 필름 산업 : 촬영용, 행사 및 이벤트용 드론, 레저용 등

- 군사용 : 공격용, 감시/정찰용 (사단급, 군단급 드론 등), 배송용 등

9.2. 드론 관련 규제 사항

9.2.1. 국내의 드론 관련 규제 사항

정부는 국내 드론 산업의 발전을 위해 다양한 과제들을 추진하였으며, 향후 계획을 수립하여 실행중에 있다[46].

(1) 추진현황('17 ~ '19)

- 체계적 드론산업 지원을 위한 드론법 제정('19.4)

- 야간·비가시권 비행허용 특별비행 승인제 도입('17.11), 시범공역 지정('18.6)

- 드론 규제샌드박스 사업 착수('18.3)

- 화성·제주 드론 실증도시 운영('19.7)

- 드론전용 비행시험장 3개소 시범운영('19.9)

- 실기 시험장·복합교육센터 신규 착공('19.12)

(2) 향후계획('20~'22)

- 드론 교통관리체계 개발('22)

- 공공분야 드론 4,000대 달성('21)

- 드론 특화도시 구축('21)

- 개인형 유무인비행체 유인 비행시험 준비('22)

- 드론전용 비행시험장 5개소 구축('21)

- 드론 인증센터 구축('22)

---

46) https://www.korea.kr/special/policyCurationView.do?newsId=148867190

국내에서는 여러 산업분야에 무인기를 도입하여 상용화를 위한 시도가 활발해지며, 이에 따른 부작용이 발생하고 있다. 따라서 정부에서는 2020년 드론 관리체계 개선을 위해, 성능과 위험도를 기준으로 드론을 다음의 4가지 단계로 분류해 관리하도록 하는 "항공안전법 시행령" 및 "항공안전법 시행규칙" 개정안을 입법 예고했다.

1 단계 : 완구용 모형 비행장치 (250g 이하)

2 단계 : 저 위험 무인 비행장치 (250g~ 7kg) : ① 250g~2kg ② 2kg~7kg

3 단계 : 중위험 무인비행장치(7kg~25kg)

4단계 : 고위험 무인비행장치(25kg~150kg)

현재 각 유형에 따라 네거티브 방식으로 규제를 최소화하는 노력을 진행중이다.

[표 37] 무인기 성능과 위험도를 고려한 관리방안

〈현 행〉		〈개편 방향(안)〉				
구분	분류	위험도	분류	비행범위		안전관리
자체중량 150kg초과	무인항공기	높음	항공기급	관제공역 (고도150 m↑)	계기비행영역	국제기준 적용
					시계비행영역	
자체중량 150kg이하	무인비행장치 (25kg이하 완화관리)	높음	비행장치급	비관제공역 (고도150 m↓)	비가시권비행	높음 ↕ 적용
		중간			가시권비행(중대형)	
		낮음			가시권비행(소형)	
		매우낮음			제한영역(완구류)	

또한 2021년부터는 최대이륙중량 2kg을 넘는 드론에 대해서는 기체를 신고해야 하고, 250g을 넘는 드론을 조종하기 위해서는 사전에 온라인 교육을 받아야 하는 등 관리체계가 변화된다.

9.2.2 국외의 드론 관련 규제 사항

미국을 비롯한 중국, 일본, 유럽 등 여러 국가에서는 무인기 산업의 성장을 도모하면서, 무인항공기의 안전한 사용을 위한 정책 및 절차를 마련 하고 있다.

미국은 2013년 유·무인기 통합 로드맵 하에 상업용 무인기 파일럿 프로그램을 승인하였고, 관련세부내용은 다음과 같다.47)

- 비 관제공역은 교외지역부터 비가시권 운영 등을 우선 도입한 후 시내 지역에 교통관리체계와 함께 도입할 것을 추진

- 관제공역은 고고도(3.048km 이상) 계기비행 (IFR)영역에서 우선 도입하고 중고도(3.048km이하) 시계비행(VFR-Like) 영역에서 도입 추진

- 계기비행 영역에서 대형 화물기 등은 운송용 항공기 수준의 인증/관제 절차를 따라 운항하고, 중고도 시계비행 영역은 소형 항공기, 헬기 등 비협력적 운영 항공기와 함께 운영

- 미국의 아마존은 연방 항공국(FAA)로 부터 인구 비과밀지역에 사는 비행시간 30분 이내의 고객 (비행거리 15 마일)에게 5 pound 이하의 화물을 배송하는 건에 대한 승인을 받았음48)

EU는 2013년 European RPAS Steering Group 45에서 무인기 통합 로드맵을

수립하였고, 요약하면 다음과 같다.

- 2019년까지 14개 분야 핵심기술 개발 계획 및 유·무인 항공기 공역 통합에 대해 2028년까지 단계적 구축을 목표로 로드맵 제시함

1단계 : 무인기 공역의 제한적 운용

2단계 : 일부 예외부터 전체적 확대

3단계 : 유-무인기 공역 통합

네덜란드는 2020.12월31일부터 적용되는 드론 비행 규칙 개정안을 발표함49)

---

47) KISTEP 기술동향브리프, 무인기, 2018-19호
48)
https://www.cnbc.com/2020/08/31/amazon-prime-now-drone-delivery-fleet-gets-faa-approval.html
49) https://www.rijksoverheid.nl/onderwerpen/drone/vraag-en-antwoord/regels-drone-laag-risico

개정의 목적은 공역을 안전하게 유지하고, 드론 활용 분야에 대한 테스트와 시험이 가능한 추가적인 공간을 제공하기 위함.

[표 38] 네덜란드의 드론 비행 규칙 개정안[50]

	저위험 드론	중위험 드론
종류	- 이륙시 무게가 25kg 이하 - 고도 최대 120m 이내 비행 - 위험물 미운송 - 낙하물이 없을 - 가시권 비행 (VLOS, Visual Line Of Sight)	- 사람 위로 비행 - 공항 인근 비행 - 이륙시 무게 25kg 이상 - 주거지역에서 비행 - 고도 120m 이상 비행 - 낙하물 존재 (예시: 농약 분무 등) - 비가시권 비행 (BVLOS, Beyond Visual Line Of Sight)
비행전 일반 요구조건	- 드론은 도로교통공단 (RDW)에 등록 - 조종자 증명 취득 (시험 필요)	- 도로교통공단 (RDW)에 등록 - 조종자 증명 - 사전 위험도 분석 수행 - 당국(ILT)의 비행승인

□ 저위험 드론 비행시 특별규칙 및 예외적용
ㅇ 카테고리 A1 (500g 이하 드론 비행시)
 - (카메라가 없는 250g 이하 드론일 경우) 연령제한(16세 이상), 16세 미만시 참관인 필요, RDW에 드론 등록, 조종자 증명 등 모든 규제 면제
 - (카메라가 있는 250g 이하 드론의 경우) RDW에 드론 등록 필요. 다만, 연령제한, 참관인, 조종자 증명 규제는 면제
 - (500g 이하 드론일 경우) 저위험 드론 비행시 일반 요구조건을 모두 준수해야 하며, 사람 위로 비행 금지
ㅇ 카테고리 A2 (2kg 이하 드론 비행시)
 - 조종자 증명 보유
 - 사람들로부터 30m 이상 이격 (사람들은 드론의 비행 사실을 알고 있어야 함)
ㅇ 카테고리 A3 (25kg 이하 드론 비행시)
 - 사람이 없는 지역에서만 비행 가능
 - 주택, 상업용 건물, 공업지역, 레크리에이션 지역과 150m 이상 이격.

중국은 무인기 분류 체계(7개)에 따른 비행범위, 조종자격 등을 구체화(2015.12.)하고 공항 주변 불법 비행 등 소형 드론 안전문제에 따라 소유주 등록제(250g 이상) 도입을 추진함

---

50) 네덜란드 대사관 홈페이지, http://overseas.mofa.go.kr/nl-ko/index.do

일본은 중의원(衆議院, 하원)에서 2015년 6월 의원입법으로 국가 중요시설 상공에서의 드론 비행 규제와 관련한 '소형무인기 등 비행금지법'을 발의함. 국가중요시설에는 「국회의사당, 내각총리대신관저, 기타 국가중요시설 등, 외국공관 등 및 원자력사업소 주변지역 상공」이 포함됨[51].

특히, 2019년 2019년 3월 일본 내각은 방위대신이 지정하는 방위관계시설을 그 주변지역 상공에서 소형무인기 등의 비행이 금지되는 대상 시설에 추가하고, 2020년 도쿄올림픽/패럴림픽 경기대회에 대비하여, 문부과학대신 및 국토교통대신이 대상 시설을 추가 지정할 수 있도록 관련 규정을 정비하고자 '소형 무인기 등 비행금지법' 개정안을 국회에 제출하고 최종적으로 법률명도 「중요시설 주변지역 상공에서 소형무인기 등의 비행금지에 관한 법률」로 변경되어 통과됨.

9.3. 드론 기술

9.3.1 드론의 요소 기술

일반적으로 드론의 장비 및 요소기술은 일반적으로 본체, 컴퓨터, 추력장치, 동력원, 통신장비, 센서, 임무장비 등으로 구성됨[52]

- (본체) 드론 골격을 형성하는 기체 및 기체 플랫폼관련 기술

- (제어/컴퓨터) 드론의 운동, 경로비행 제어, 내부 장비를 컨트롤하는 비행제어 컴퓨터 (Flight Control System)와 지상관제시스템 (Ground Control System), 네트워크 보안기술 등

- (추력장치) 드론의 추력을 발생시키는 프로펠러, 전기모터, ESC 등

- (동력원) 엔진 (가솔린), 배터리 기술 (리튬이온, 태양전지, 수소 등) 등 에너지를 공급하는 동력원

---

51) 국회입법조사처, 외국입법동향과 분석 27호, 2020년 2월12일
52) 무인이동체 기술혁신과 성장 10개년 로드맵, 과학기술정보통신부, 2018.1.23

- (통신장비) 안테나, 통신모뎀 등 조종사와 무선으로 통신해 조종 신호, 촬영 영상 등 정보를 교환

- (센서) GPS 안테나, 위치센서, 자기센서 등 드론의 위치와 비행 상태 등을 감지하는 센서

- (임무장비) 드론과 탑재장비를 연결하며 외부 진동을 감쇄하여 안정적인 영상을 획득하는 장비나 물류를 적재나 하역할 수 있는 장비

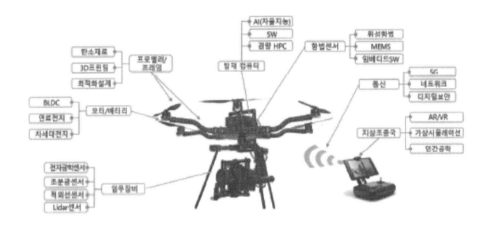

<그림 81> 드론의 구성요소(무인이동체 기술혁신과 성장 10개년 로드맵, 과학기술정보통신부,2018)

무인기 통합관제 시스템 NASA는 저고도 비행 무인항공기의 통신과 감시를 지원할 수 있는 UTM(Unmanned Aerial System Traffic Management)을 연구 중에 있다.

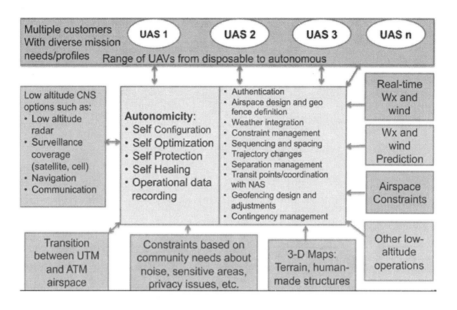

<그림 82> NASA의 무인기 관제 시스템 (UTM)의 개념도

해당 시스템은 실시간으로 무인기 상태를 파악할 수 있으며, 다수의 무인기 비행 계획 수립 시 우선순위를 정해 서로 충돌되지 않게 지원하며, 건물이나 지리적 위치, 기상 등 주변 정보를 반영해 드론이 목적지까지 안전하게 비행할 수 있도록 관리한다. 기존 오픈소스 지상제어 시스템(Ground control system)에서 사용되는 기능은 무인기 운용 시 최상단에 위치하는 제반 시스템 기능과 최하위 단계의 운영 및 제어 기능을 수행하는 구조로 되어있는데, 다수의 무인기 동시 운용이 필요한 물류 분야에 적용하기 위해서는 통합적인 구성이 필요하여 한국항공대[53]에서는 물류분야 적용을 위한 통합관제시스템의 개발을 진행했으며 핵심기능은 다음과 같다.

---

53) 문선주, 다중 무인기 기반 통합 모니터링 시스템에 관한 연구, 한국항공대학교 석사논문, 2018

<그림 83> 무인기 통합관제 시스템

　무인기 통합 모니터링 시스템은 웹과 모바일 기반으로 개발되었으며, 상용 무인기 시스템들이 공통적으로 제공하고 있는 웹 기반 지도서비스로 구현하였다. 또한 다수의 무인기를 효율적으로 운용 가능한 기능을 구현하였고, 특히, 가시권을 벗어난 무인기는 운항신뢰성이 확보되지 못하기 때문에 시각화를 활용한 실시간 모니터링기능을 구현하였고, 무인기 기반의 택배서비스를 지원할 수 있는 임무설정 기능을 고려하였다.

[표 39] 시스템 모듈 및 설명

	모듈명	설명
무인기 운항 모니터링	무인기 운항 정보	운항중 무인기 데이터를 실시간으로 수집하여 모니터링 시스템과 연동하는 모듈
무인기 운항 모니터링	무인기 상세 정보	운항중인 무인기의 상세 데이터를 수집하여 모니터링 시스템과 연동하는 모듈
	무인기 부품 정보	운항중인 무인기의 구성 정보를 사용자의 요청에 따라 화면으로 제공하는 모듈
	거리 계산	운항중인 무인기와 센터, 목적지, 운항 경로상의 지점 사이 거리를 실시간으로 계산하여 모니터링 시스템과 연동하는 모듈
	비행금지구역 좌표 셋팅	비행금지구역 데이터를 수집하여 모니터링 시스템과 연동하는 모듈
	경로 좌표 셋팅	운항중이 무인기의 경로 데이터를 수집하여 모니터링 시스템과 연동하는 모듈
	무인기 이동	운항중인 무인기의 데이터를 실시간으로 Google API 와 연동하여 모니터링 화면에서 무인기의 위치를 표시하기 위한 매핑 모듈
	경로 거리 체크	운항중인 무인기와 운항 경로상의 지점을 체크하여 종료 시점과 운항경로에서 무인기가 이탈했는지 체크하여 알람 시스템과 연동하는 모듈
	임무완료 체크	운항경로 상의 지점과 무인기 좌표 간의 거리 체크 모듈과 연동하여 운항 종료 시 실시간 데이터 수집 중지 및 임무완료에 따른 관련 데이터 수정 및 삭제를 실행하는 모듈
	배터리, 네트워크, GPS 알람 체크	운항중인 무인기의 배터리, 네트워크, GPS 데이터를 수집하여 알람 모니터링 시스템과 연동하는 모듈
	시스템 알람 체크	운항중인 무인기의 데이터를 수집하여 알람 모니터링 시스템과 연동하는 모듈
	거리 알람 체크	운항중인 무인기의 데이터를 수집하여 경로 데이터와 비교하여 경로 이탈 시 알람 모니터링 시스템과 연동하는 모듈
	제한구역 알람 체크	운항중인 무인기의 데이터를 수집하여 제한구역 데이터와 비교하여 운항중인 무인기가 제한구역 침범 시 알람 모니터링 시스템과 연동하는 모듈
무인기 임무 모니터링	임무 데이터 수집 모듈	운항중인 무인기의 임무 데이터를 수집하여 모니터링 시스템과 연동하는 모듈
	경로 데이터 매핑 모듈	운항중이 무인기의 경로 데이터를 수집하여 모니터링 시스템과 연동하는 모듈
운영관리	작업생성	임무 구분, 상품, 센터, 목적지 등의 데이터를 입력하여 작업을 생성하는 모듈
	임무할당	생성된 작업과 등록되어 있는 무인기를 결합하여 임무를 생성

		하는 모듈
	경로할당	임무가 할당된 무인기의 작업 경로를 입력하는 모듈
	무인기 승인	작업 경로가 할당된 무인기의 승인 여부를 결정하는 모듈
	작업 데이터 관리	작업 생성 시 필요한 상품, 센터, 목적지의 데이터를 관리하는 모듈
시스템관리	무인기 정보관리 및 부품관리	무인기의 상세정보를 관리하는 모듈, 무인기 제작시 사용되는 부품들을 관리하는 모듈
	알람관리	모니터링, 시스템, 구역 등의 알람을 설정하고, 관리하는 모듈
	구역관리	무인기가 접근할 수 없는 지역을 설정하여, 경로설정시 참고할 수잇도록 구역을 관리하는 모듈
이력관리	이력조회	시스템의 각 인터페이스에서 작업되는 사항들을 이력으로 남겨 관리하는 모듈

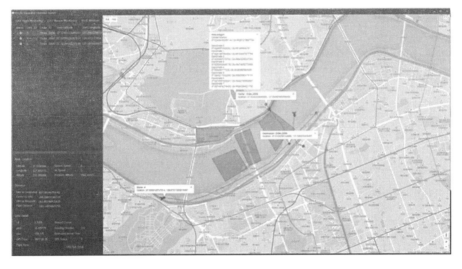

<그림 84> 무인기 통합 모니터링 UI 화면

〈그림 84〉는 무인기 통합모니터링 시스템의 메인화면을 나타낸다. 본 시스템은 .Net Framework 4.0을 기반으로 DevExpress Component & Library를 활용하였고 MySQL Server 내 데이터베이스 테이블을 구축하여 구현되었다. Google API사용하며, GIS 맵 로드 시 dynamic html Document 클래스를 이용하여 동적 html Parsing을 수행한다.

9.4. 드론 서비스

9.4.1 응용 서비스 기술

무인기의 응용서비스기술은 다음과 같은 분류로 나누어 질 수 있다.

- 농업등 1차 산업서비스 기술 : 농업, 수목/산불관리, 해양 상태관리 등

- 공공 서비스 기술 : 재난재해관리, 교통상황관리, 환경감시관리

- 물류 : 화물 배송, 재고관리, 승객 운송

- 문화, 레져 : 미디어 촬영을 위한 영상촬영, 드론 쇼 등

9.4.2. 응용서비스 예

(1) 농업분야 응용서비스

- 농촌이 고령화되면서 농업 노동력 부족으로 어려움을 겪고 있는 현장의 인력난 해소 가능

- 농약 살포에 드론을 활용하여 작업능률을 향상시키고, 농업인이 농약에 직접 노출되는 것을 막을수 있음

<그림 85> 드론을 이용한 농업

- 초기에는 병해충 방제에, 최근에는 영양제·미생물 제제 등 각종 친환경제제와 비료 살포, 방역, 벼 직파(바로뿌리기) 재배에 까지 활용[54]

(2) 해양관리, 산림관리

- 해양수산부는 해양수산 분야 드론 활성화 방안[55]을 발표하고, 해양오염 감시, 해양생태 모니터링, 항행안전시설 점검, 항만시설 감시, 불법어업 지도단속분야에 활용하는 계획수립

- 산림청은 드론을 활용한 산불감시에 노력하고 있으며 AI기술의 활용을 연구중

<그림 86> 산림청의 산림무인기(드론) 스테이션(정거장) 개발 및 AI기반 산림감시체계

---

54) https://nongsaro.go.kr/
55) https://www.mof.go.kr/

(3) 물류분야

- 미국의 아마존은 2020년 9월, 드론 ('프라임에어')에 대한 운항 승인을 받음

- 아마존은 이 서비스를 인구 밀도가 낮은 곳에서만 운행하고 무게가 약 2.3kg 이하인 소포만 배송하려고 계획중

<그림 87> 드론을 이용한 물류배송 서비스

- DHL은 2019년 중반기 부터 중국의 이항사와 함께 정기적인 드론배송 서비스를 시작56)

---

56) https://www.dhl.com/

<그림 88> DHL사와 중국의 이항사의 드론 스테이션

- 인도의 flytbase 사57)는 실내 드론을 이용한 재고관리 솔루션을 개발 (다음 그
림 참고)

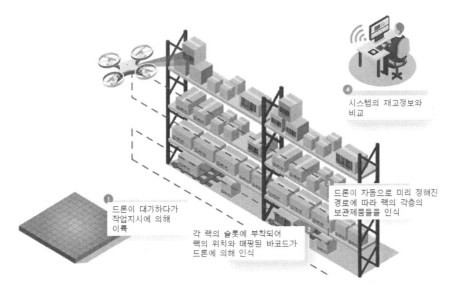

시스템의 재고정보와
비교

드론이 자동으로 미리 정해진
경로에 따라 랙의 각층의
보관제품들을 인식

드론이 대기하다가
작업지시에 의해
이륙

각 랙의 슬롯에 부착되어
랙의 위치와 매핑된 바코드가
드론에 의해 인식

<그림 89> 드론을 활용한 재고관리 방안

---

57) https://flytbase.com/warehouse-management

(4) 문화 레저분야 응용서비스

- 레저 도구로서 여러 대의 드론이 야외나 실내에 정해진 코스를 도는 레이싱 경기로, 드론 조종사가 전용 컨트롤러로 비행 고도, 속도, 방향 등을 조종하면서 장애물을 넘거나 속도 경쟁

- 엔터테인먼트 분야에서는 드론의 활용이 활발이 진행중

<그림 90> 평창올림픽에서의 드론쇼

제 10 장 맺음말

　2000년 이후 한국정부는 동북아 물류중심지라는 슬로건을 내걸고, 인천공항과 김포공항을 아시아의 허브로 만들기 위해 국가적인 투자를 하고 있다. 그러나 이와 같은 국가적인 목표달성은 물류관리기술의 혁명이 없이는 이루어 질 수 없는 데, 현재 한국의 경우 홍콩, 싱가포르, 두바이와 같은 경쟁국에 비해 항공물류관리기술의 적용이 떨어지는 것이 현실이다.

　현재 경쟁공항인 싱가포르, 홍콩, 두바이공항의 경우 이미 RFID 적용에 대한 관련기술연구가 끝났거나 진행 중이지만(특히 동북아 물류중심지인 싱가포르의 경우, 이미 공항에서 RFID기술을 ULD의 관리에 이미 몇년째 적용하고 있다), 한국의 경우는 현장의 요구조건이 반영된 적용이라기 보다는 정부지원에 의한 시범사업의 적용이 대부분이여. 실제적용이 항공물류환경을 반영하지 못한 부분이 많다. 또한 화물터미널의 공간적인 활용도 및 관리프로세스도 홍콩이나 싱가폴에 비해 많이 부족한것이 현실이다.

　9.11 사태이후 미국과 유럽의 많은 국가에서, 보안과 물류관리 프로세스의 최적화를 이유로 항공물류(항공화물과 항공수하물)와 해상물류에 대한 RFID 적용을 필수화 하려는 움직임이 있는 실정이다. 이와 같은 관점에서 항공물류 관리능력을 획기적으로 향상 시킬 수 있는 RFID기술을 항공물류분야에 도입하기 위해 적용 업무프로세스에 대한 실제적인 검토와 연구가 필요한데, 본서에서는 그와 같은 필요에 초점을 두었다.

　본서에서는 또한 최근에 화두가 되고 있는 드론기반의 물류시스템에 대해 일반적인 내용을 소개하고, 과거 한국항공대학교에서 개발했던 무인기통합관제시스템을 간략히 소개하였다.

[저자약력]

∵ 장 윤 석

　공학박사, Imperial College London(영국)
　초빙 교수, Arizona State University(미국)
　선임엔지니어, i2 Technologies (미국)
　선임연구원, University of Cambridge (영국)
　현) 한국항공대 항공교통물류학부 교수(한국)
　방문 교수, California Institute of Technology(미국)
　초빙교수, KAIST (한국), 겸직교수 KAIST (한국)

∵ 이 재 진

　이학박사, 한국항공대학교
　현) 과장, 대한항공

항공물류와 드론물류의 서비스

2020년 12월 31일 초 판 1쇄　　　발행

　　　저　자　장윤석·이재진
　　　펴낸이　이 낙 용
　　　펴낸곳　도서출판 범한

　10579 경기도 고양시 덕양구 통일로374 우남상가 102호
　　　등　록　1995. 10. 12. 제2-2056호
　　　전　화　(02) 2278-6195　　　팩 스 (02) 2268-9167
　　　E-mail　bumhanp@hanmail.net
　　　홈페이지 www.bumhanp.com

　가격 15,000원　　　　　　ISBN 979-11-5596-187-2 93320